作者王守常院长于中国文化书院

为天地立心，为生民立命，为往圣继绝学，为万世开太平

录横渠四句教戊戌冬守常

崇贤馆致敬圣贤丛书

中国智慧

王守常 著

中国大百科全书出版社

图书在版编目（CIP）数据

中国智慧／王守常著．—北京：中国大百科全书出版社，2021.5

ISBN 978-7-5202-0952-6

Ⅰ.①中… Ⅱ.①王… Ⅲ.①中华文化—研究
Ⅳ．①K203

中国版本图书馆CIP数据核字（2021）第067825号

出品人 刘祚臣
策划人 郭银星
责任编辑 郭银星
特约编辑 方邦宇
封面设计 韩党召
版式设计 博越创想
责任印制 朱东旭
出版发行 中国大百科全书出版社
地　　址 北京市阜成门北大街17号　　邮政编码 100037
电　　话 010-88390093
网　　址 http://www.ecph.com.cn
印　　刷 北京华联印刷有限公司
开　　本 880毫米×1230毫米 1/32
印　　张 10.625
字　　数 168千字
印　　次 2021年5月第1版 2023年4月第3次印刷
书　　号 ISBN 978-7-5202-0952-6
定　　价 68.00元

目录

“中国”的含义

中国传统文化的源流

中国文化的多元化

文化自信的中国智慧

中国文化的特质

代序

近代以来，中国经历了百余年的贫弱与屈辱，一批又一批的有识之士不断探索救亡图存的通途，不断反思落后挨打的原因。自魏源、林则徐等人“开眼看世界”到“师夷长技以制夷”成为当时中国决策层和文化界的共识，从“中体西用”到“打倒孔家店”，知识精英与广大国人对中华传统文化的批判越来越走向激进，这一趋势至“五四”新文化运动的“全盘西化”而达到顶峰。

落后挨打是血泪的事实，从坚船利炮到文明样态的差异，对于国人心理造成的冲击力是全方位的。沉浮起落中，我们又形成了一种简单而轻率的观点：农业文明落后于工业文明，大河文明落后于海洋文明。其实，并不是我们的文明、文化落后于西方，而是西方工业文明在不到 200 年的时间内所创造的产能方式，超过了东方农业文明几千年的总和。简而言之，这是生产力的高下之分，文明、文化是难以用先进、落后来简单表述和作结论的。

如果文化可以被理解为三个层面，那么第一个就是物质层面。古语说“家书抵万金”，是因为古代通讯技术落后，现在秒传信息就方便多了。所以从物质层面来说，现代文化确实优于古代文化。第二个层面是制度文化。我们现在讲“制度自信”，曾经我们理想中的制度有些超前，不能适应生产力的发展，才有了改革开放这几十年的成就。古代也是如此，比如王安石变法被骂了几百年，用现代经济学观点来看，还是有很多可取之处的，只是对于当时的生产力水平来说太超前了。第三个则是文化的核心层面，即精神层面，包括思维方式、价值观念、宗教习俗、审美意识，反映的是信仰或者类信仰的问题。

很多人认为中国人没有信仰，事实上自商、周以来形成的“敬天保民”“尊师重道”“天人合一”的观念就是中华民族的共同信仰。

德国哲学家雅斯贝尔斯（Karl Theodor Jaspers）提出了“轴心时代”的理论，他说在公元前800年到公元前200年间，北纬30度上下的区间里，人类社会超脱于原始的宗教信仰，出现了精神文明领域的重大突破，古希腊的苏格拉底、柏拉图，古印度的释迦牟尼，中国的老子、孔子，以及以色列的犹太教先知们，都是在这个时代涌现的圣贤，对人类各大文化圈有着深远的影响。这是一种地球文明，是具有超越性的人类文明。

四大文明古国之一的中国，具有独一无二的特质——文明延续至今而没有中断。在这数千年中，“中国”由周天子的私人领地，演变为区别于“夷狄”的族群概念，又由华北地区的代名词，扩大为全体中华民族共同的家园。“中国”含义的改变，范围的扩大，靠的正是中国优秀传统文化强大的生命力和包容性。

正如庄子所说，道无所不在，中国智慧也是无所不包的。中国文化以儒、释、道的合流为中道，兼容墨、法、阴阳等诸子之学，创造了繁荣灿烂的古代文明，必定能够在新时代助推中华民族的伟大复兴。习总书记不止一次说过：

“文化自信是一个民族、一个国家以及一个政党对自身文化价值的充分肯定和积极践行，并对其文化的生命力持有的坚定信心。”重塑民族的自尊心和自信心，最根本的还是文化自信。我们应该要让更多的人了解，中国文化的这种特质。

『中国』的含义

什么是“中国”？这似乎并不是一个难以回答的问题。有人会说：“中国就是中华人民共和国，是联合国安理会的五个常任理事国之一。”而且就连幼儿园的小孩子都知道，中国是世界四大文明古国之一。然而若问中国为什么被称为“中国”，大概就没有多少人能说得清楚了。

说到四大文明古国，很多人都知道是古巴比伦、古埃及、古印度和中国。为什么前三个都冠以“古”字，而只有中国例外呢？因为前三个古文明都已经断绝了，只有中国的古文明延续至今。

古巴比伦文明发源于西亚的两河流域，古埃及文明发源于北非的尼罗河流域，都属于独立发展起来的多元文明，具有独一无二的宗教文化和语言文字体系。可是现在这两个地方早已经变成阿拉伯国家，伊拉克人根本看不懂汉谟拉比法典上的楔形文字，埃及人也无法识读罗塞塔石碑上的象形文字，曾经辉煌的历史文化只剩下了幻想中的空中花园，以及沙漠中的一座座金字塔，语言、文字、宗教全都变了，文明已经断代，失去了传承。即使是古埃及语言的直系后裔——科普特语，也早就抛弃了象形文字，在希腊化时代（前330—前30）以后开始用希腊字母来拼写自己的语言。说到古希腊文明，其实只是古巴比伦文明与古埃及文明在地中海交汇的产物，与其继承者古罗马文明一样，并不是独立发展出来的古文明。至于古印度文明，更是在历史上多次外族入侵中被摧残得面目全非。另一昌盛一时的古文明——古波斯文明，则是古巴比伦文明与古印度文明交汇的产物，也不是独立发展出来的。从某种意义上来说，上述古文明几乎都断绝了。

中国上下五千年传承有序，汉字更是世界上唯一沿用至今的非拼音文字。固然甲骨文只有少数专家才能识读，但认识金文、小篆对于普通书法爱好者来说也并非难事，至于东汉以后的碑铭，中学生也能读出个大概来。所以中国的文明史虽然不及其他三大文明古国悠久，但是中华文化从未断流。

中国之所以成为“中国”，经历了漫长的历史演变。

地理概念的中国

“国”这个字，最早的意思是指城和邑，也就是人们聚集生活在一起的地方。从造字的角度来分析，就是“口”内有“或”，“或”是会意字，表示一个人持戈把守城门，是“国”的本字。我们看《封神演义》，里面说有“八百诸侯”跟着武王伐纣，一路诸侯就相当于一个“国”。古书上甚至有“万国”的说法，如“万国咸宁”(《周易·乾卦·彖传》)；“国”又称“邦”，也有“万邦”的说法，如“协和万邦”《尚书·尧典》；殷商时期的诸侯国也叫“方”，意为四方之国，如鬼方、羌方等，因此也有“万方”的说法，如“诞告万方”(《尚书·汤诰》)。尽管夸张，但也说明了当时这一类的城邑数量很多。但在商周时期，商王或周天子所居的城邑，也就是国家的都城，其重要性当然是其他城邑不能比的，作为天下的政治中心，被称为“中国”。

“中国”之名见于文献，最早出现在《诗经》中，如“惠此中国”（《大雅 · 民劳》）。西周时期，“中国”就是王畿，也就是王室直接管辖的区域。

因此，周朝初年所称的“中国”，大概位于今陕西境内关中地区的“丰”和“镐”一带。但随后“中国”的范围也开始扩展。除了“丰”和“镐”，原来商朝的都城殷，也就是今天的河南安阳，也被称为“中国”。周朝又在今天的洛阳一带兴建了陪都洛邑和王城，因为洛邑地处中原，是当时天下的地理中心，特别是周平王迁都于此之后，“中国”的概念也从单纯的政治中心扩展到了地理中心的意义上。

而最早出现“中国”字样，并记载洛邑营建之事的出土文物，则是一件名为“何尊”的青铜器。1963 年，一个陕西农民无意间发现了一件被雨水冲出来的青铜器，就用它来盛放粮食。后来几经辗转，这件青铜器被当成废品卖了 30 元钱。1965 年，宝鸡市博物馆的一个干部在废品收购站发现了它，并认为这是一件比较珍贵的文物，在向馆长汇报后，又以 30 元的价格将它买下。后经过考古人员确认，这是一件铸造于西周早期的青铜酒器，主要纹饰为“饕餮纹”，根据其底部铭文将其命名为“何尊”。何尊高38.8厘米，口径28.6厘米，重14.78公斤，其上部为喇叭形圆口，下部呈方形，铸于周成王五年，距今已有3000多年历史。何尊的铭文共有122字，记述了成王继承武王遗志营建新都成周之事，其中写道：“唯王初堙宅于成周，复禀武王礼福自天。……唯武王既克大邑商，则廷告于天，曰：余其宅兹中或，自之乂民。”“成周”即洛邑，“宅兹中或”即营建、定都于成周这一中央之国。这一记述与历史文献相互印证，所以成为研究西周早期历史的重要文物。而“中国”在何尊的铭文中作“中或”，这是比较古的写法。由此我们可以推断，“中国”一词最早出现的时间应该是在商、周之间。

此后，“中国”作为一个地理概念，其范围也在不断发生变化。

《韩非子·孤愤》里有一句话说：“夫越虽国富兵强，中国之主皆知无益于己也。”可知在战国时代，“中国之主”已经不仅限于周天子一人。早在春秋时期，接受周礼的诸侯就有“诸夏”之称，即华夏诸国。“中国”的范围也随着周朝礼乐文明的传播，逐渐向四面八方扩展。自秦、汉开始，“大一统”的局面开始形成，“中国”的概念也随之发生了更大的变化，凡是在王朝统治的地理区域内，都可以称为“中国”，而在统治范围之外，则被称为“外国”或“化外之地”。

《资治通鉴》记载，赤壁之战前，诸葛亮劝孙权联刘抗曹，说：“若能以吴越之众与中国抗衡，不如早与之绝。”这里的“吴越”指孙权统治下的江东地区，“中国”指曹操控制下的中原地区。可见到了汉末三国时代，在很多人的观念中，“中国”仍然仅限于北方。

南北朝时，北方的游牧民族占据了黄河流域的广大地区，原来的西晋贵族和士人则南渡建立了东晋王朝，以及后来的宋、齐、梁、陈，他们思念故土，认为自己才是代表正统的“中国”，不仅沿用各自家族在北方时的籍贯，还把家乡“搬”到了南方。如名门望族琅琊王氏，南渡后聚居在江乘县，就是今天的南京市栖霞区一带，晋元帝就在这里设置了南琅琊郡，称为“侨置州郡”。后来随着隋朝的统一，这一矛盾才得到了化解。此后，国家统一的趋势越来越明显，“中国”也在民族和地理两个层面上达成了共识。

说到这里，就不得不提另一件带有“中国”字样的重要文物。1995 年 10 月，中日两国组成的学术考察队在新疆和田地区民丰县尼雅遗址的一座古墓中挖掘出一块颜色艳丽的护臂，上面有八个篆体汉字：“五星出东方利中国。”这八个字与《史记·天官书》的说法如出一辙：“五星分天之中，积于东方，中国利；积于西方，外国用者利。”“五星”指水星（辰星）、金星（太白星）、火星（荧惑星）、土星（镇星）、木星（岁星），同时出现在东方或西方，是一种有规律的天文现象。天地回转，日月流逝，五星难以聚合。然而，汉元年十月，五星聚于东井，这在《汉书》、《汉纪》等文献中都有记载。阴阳家、象数家据此预测吉凶，本为附会之说。然而“五星出东方利中国”护臂与何尊因“中国”而被赋予了特殊的意义，均列入禁止出国展览文物的首批名单。

明清时期，来华的西方人更愿意使用“中国”一词，而非大明、大清。清政府在与俄国签订《尼布楚条约》时，就明确使用了“中国”一词。到了晚清时期，清政府也愿意在外交场合自称“中国”，而“中国”则逐渐演变为正式国号，同时又带有一种传统心理——仍然以中央之国自居。

北宋学者石介，人称徂徕先生，他有一篇著名的文章，名为《中国论》，其中说道：“夫天处乎上，地处乎下。居天地之中者曰中国，居天地之偏者曰四夷。四夷外也，中国内也。”“中国”貌似地理、方位概念，华夏居于中央，东有东夷，西有西戎，南有南蛮，北有北狄。其实这里面还有一层文化内涵，“中”不仅仅是地理方位的中央，更是政治文化的中央。

这里就说明了一个问题，从夏、商、周三代到直到唐、宋、元、明、清，在大部分时间里，人们都将“中国”当成了一个地理概念。但这对于我们研究中国智慧来说是远远不够的，接下来我们还将从文化层面来进一步研究和探讨“中国”的含义。

文化概念的中国

前面我们解释了“中国”的地理概念，但是真正让中国延续几千年而没有断代的还是文化。很多人都知道中国有5000年的文明史，其实黄河流域的仰韶文化、长江流域的河姆渡文化和东北地区的红山文化都有7000年以上的历史，而且对中华文明都有巨大的贡献。我们现在提倡建立文化自信，首先就要从认识中国、了解中国的文化开始。

什么叫文化？文化就是人类改造自然界的市场经济行为，以及宗教习俗、审美艺术等方面的组合。英语的“culture（文化）”一词，由词根cult-（耕作）加名词后缀-ure构成，其本义就是农耕。而cult来源于拉丁语动词colere（耕作）的过去分词形式cultus，前者演化出词根colon-（殖民），后者发展出养殖、培养、教化等含义。后来

culture 加词根 agri-（田地）组成了 agriculture（农业）一词。中国文字也有与之类似的特点，比如汉字的“采”，是个会意字，上面是一只手的形状，下面是一棵树，表示用手采摘树上的果实。后来“采”又衍生出色彩、文采、神采等意义，于是有人在“采”旁边加了一个“扌”旁来特指“采”的本义，“采”慢慢就变成了一个词根。耕作能够变成文化，采摘能够变成文采，可见人类的早期文明与农业发展关系密切。

“文化”一词的含义也是十分复杂的。从广义上讲，它包含了器物、制度、精神等三个层面；而从狭义上讲，往往专指精神文化。精神文化的内容也是十分丰富的，主要有哲学、艺术、科学、宗教、道德等等，而又以哲学思想为其核心。具有悠久历史传统的中国文化，无论是在器物、制度文化层面，还是在哲学、艺术、科学、宗教、道德等精神文化层面，都留存着杰出的创造和精深的思考。

中国的历史文化最早可以追溯到 7000 年以前。河南博物馆收藏的两件文物很有代表性，其一就是贾湖骨笛，另一件是云纹铜禁。

贾湖骨笛出土于距今 7800 年到 9000 年的河南贾湖遗址，

是迄今为止我国考古发现的最古老的乐器，也是世界上最早的可吹奏乐器，可以视为中国礼乐文化的开端。

云纹铜禁又是什么东西呢？莫非是要禁止什么吗？不是。“禁”是一种承放酒尊的器物，形似矮桌子。所以，云纹铜禁其实就是一张青铜桌子。那为什么叫“禁”呢？因为武王伐纣的时候认为殷商之所以亡国，就是因为统治者沉湎于酒色。周公要告诫国人，所以制礼作乐，就制作了这样一种器物，用来承放那些喝酒用的器皿。

上古中国有两件事情最重要，一个是祀，一个是戎。祀，就是祭祀；戎，就是打仗。打仗之前要用龟甲来占卜，用青铜器来祭祀。所以中国现存最早的文字就留在了这些龟甲和青铜器上，也就是甲骨文和金文，虽然现代人不一定全都看得懂，但是可以通过汉字的发展规律来研究。因为汉字有形声的概念，所以确定了一个概念之后还可以猜测。秦始皇统一文字之后，小篆开始通行于天下。到了汉代，隶书逐渐普及，这种字体我们就能够看得懂了。再后来，出现了更规整的楷书，为中华文化的传承提供了极大的便利。我们的文字历史悠久，而且一直流传到今天，所以现代人能够识字，能够读书，也能够看懂中国的历史文化。中国历史文化的悠久传承离不开文字，今人又用这种文字不断地对古人留下的的史料作解释，使之继续流传下去。历史能够告诉我们，我们是从什么地方来的；历史也能够告诉我们，中国何以成为中国。

春秋时期，诸侯争霸，一些小国在兼并战争中消亡了，还有一些诸侯国的地盘不断扩大，如晋、郑、宋、鲁、卫等，它们拱卫在王畿周围，扩充了“中国”地理范围。与此同时，“中国”还开始带有了一定的民族属性，像位于西方的秦国，虽然地处西周原来的京师丰、镐一带，但是因为秦人出自东夷，后来又与西戎为伍，不受中原诸国的认可，始终无法挤进“中国”的会盟圈子。与秦国类似的还有南方的楚国，西周末期的楚王熊渠甚至自称“蛮夷”，说：“我蛮夷也，不与中国之号谥。”（《史记 · 楚世家》）按照周礼，只有天子可以称王，诸侯按照亲疏大小分为公、侯、伯、子、男，蛮夷之君无论大小都是子爵。所以《春秋》称楚国之君为“楚子”，而楚国由于不遵守“中国”的游戏规则，国君早就称王了。先秦时期，华夏诸国又称“诸夏”，孔子说：“夷狄之有君，不如诸夏之亡也。”（《论语 · 八佾》）这句话有两种解释：一是说文明落后的夷狄有君主，也比不上文明发达的华夏没君主；二是说华夏礼崩乐坏、斯文扫地，诸侯侵夺了天子的权威，大夫又侵夺了诸侯的权威，还不如夷狄的君主。不论如何解释，孔子都认为华夏文明强于夷狄。所以中国文化中划分民族的标准，主要在于文化，不像西方那样看重血统、相貌、肤色。

华夏民族以高度发达的农耕文明发展出独一无二的礼乐制度、衣冠文化，从几千年前就开始与刀耕火种、茹毛饮血的周边民族划清了界限。《战国策·赵策二》记载：“中国者，聪明睿智之所居也，万物财用之所聚也，圣贤之所教也，仁义之所施也，诗书礼乐之所用也，异敏技艺之所试也，远方之所观赴也，蛮夷之所义行也。”还有我们前面提到的石介，他在《中国论》里面还这样写道：“夫中国者，君臣所自立也，礼乐所自作也，衣冠所自出也，冠昏祭祀所自用也，縗麻丧泣所自制也，果瓜菜茹所自殖也，稻麻黍稷所自有也。东方曰夷，被发文身，有不火食者矣。南方曰蛮，雕题交趾，有不火食者。西方曰戎，被发衣皮，有粒食者。北方曰狄，毛衣穴居，有不粒食者。其俗皆自安也，相易则乱。”

礼乐制度、衣冠服饰、农桑稼穑，无不体现着文化，其中最著名的，莫过于服装和礼仪，《左传·定公十年》说，“有礼仪之大故称夏，有服章之美谓之华”；《尚书孔传》说，“冕服采装曰华，大国曰夏”；《周易·系辞下》也说：“黄帝、尧、舜垂衣裳而天下治”。周公制礼作乐而治天下，被儒家尊为圣人。所以衣冠、礼仪就成了文明的象征，“华夏”也成了中国的别名。

华夏民族发源于黄河中下游，为汉民族的祖先，文明发展程度高于四周的民族，因此华夏民族将自己的衣冠、礼仪等民族习惯视为高层次的文明。因华夏民族的四面八方分布着文明程度较低的民族，也就是东夷、南蛮、西戎和北狄，这也就导致了“华夷之辨”的产生，就是说要把华夏与夷狄区别看待。

春秋时期，齐桓公在管仲的辅佐下打着“尊王攘夷”的旗号率先成就了霸业，先后击败了侵犯燕国的山戎和不尊周室的楚国。孔子本着《春秋》大义，继承和发展了“尊王攘夷”原则，说：“微管仲，吾其被发左衽矣。”就是说如果没有管仲，华夏就跟夷狄没什么区别了。唐代文学家韩愈有一篇文章叫《原道》，里面有一句话：“诸侯用夷礼则夷之，进于中国则中国之。”意思是说诸侯背弃了华夏文明就视之为夷狄，夷狄接受了衣冠、礼仪就等同于华夏。楚国一开始自称蛮夷，拒绝接受中原文化。但随着与中原诸国接触的日益频繁，楚国逐渐华夏化，中原诸侯也与之会盟，不再以蛮夷视之；郑国本为周朝宗室的姬姓诸侯，则因行为不合义礼，被视为夷狄。

历史上有很多少数民族政权也以中国正统自居，甚至贬低并立的汉族政权是夷狄。鲜卑人建立的北魏自称“中国”，称东晋、南朝为“岛夷”，孝文帝更是推行了力度空前的汉化改革。辽道宗时，太子洗马刘辉上书说：“西边诸番为患，士卒远戍，中国之民疲于飞挽，非长久之策。”（《辽史 · 刘辉传》）这里的“中国”指的是契丹人建立的辽朝。辽、宋为平等的兄弟之国，辽称宋为“南朝”。金、宋则为君臣、叔侄之国，女真人建立的金朝更是贬斥南宋为“蛮子”，后来兴起的蒙古也沿用这一称呼。

同为儒家文化圈的朝鲜、日本等国也受此影响，形成了“小中华意识”，在这一世界观之下，中国、朝鲜或中国、日本以外的民族都是蛮夷，所以朝鲜称建州女真为“胡虏”，日本称北海道阿依努人为“虾夷”。清朝剃发易服之后，朝鲜、日本更是以中华文化的继承者自居。甚至有日本学者提出，汉、唐、明、清是某一朝代的国号，不足以代表整个中国，而中国又非世界的中央，也不宜用“中国”之号，于是以“支那”称呼中国。

“支那”、“至那”本为梵文Cīna的译音，据玄奘与戒日王交谈时说：“至那者，前王之国号；大唐者，我君之国称。”（《大唐西域记》卷五）唐朝以前的朝代名称中，发音最接近Cīna的就是秦，所以Cīna可能是“秦”的译音。现在英语的China、法语的Chine、意大利语的Cina都源于此。最初“支那”并无贬义，只是随着甲午战争后中日实力对比的变化，日本人口中的“支那”越来越带有轻蔑、侮辱的意味。

除此之外，外国对中国还有其他称呼。俄语称中国为Китай，即“契丹”。由于契丹人曾在东北建立强大的辽朝，又在西域建立了喀喇契丹（西辽），对北亚、中亚有着巨大的影响力。到元朝建立时，原辽金统治区域内的各民族大多已汉化，被统称为“汉人”，所以“契丹”就成了北亚、中亚地区可以代表中国的称谓。

另一有代表性的称谓是Taugas，见于东罗马帝国史学家西摩卡塔（Theophylactus Simocatta）的记述，阿拉伯、突厥和波斯学者也使用过类似的词汇来称呼中国，即《长春真人西游记》中所提到的“桃花石”，在中亚至东欧一度很有影响力。中亚位于丝绸之路这一交通要道之中，西域强国经常扮演中国代理人的角色，或直接冒充中国，如于阗、西辽、喀喇汗王朝。喀喇汗王朝的可汗就曾自称“桃花石可汗”。

由此可见，华夷之辨并不以种族为标准，而以文化作衡量。到了清代，康有为提出了一个概念，“中国能礼则中国之，中国不能礼则夷狄之，夷狄能礼则中国之。”意思是说，中国如果能够坚守自周代以来的礼仪文化就是中国，如果不能够坚持，就会沦为落后民族。中国和其他国家，不是政治经济战争的比较，而是文化的比较。所以，康有为对《中国论》做了概括之后，谭嗣同也说：“守旧则夷狄之，开新则中国之。”

从这些历史观点看，中国不仅仅是一个地理概念、血缘概念、种族概念，也是文明、文化的概念。这就是我们认同的根，这就是我们出生的根。如果有这样的归宿感，你就会有荣誉感，你如何，中国就如何。如果你离开了中国的根，你要向何处去？所以“中国”不是一个空洞和抽象的概念，而是用几千年的文明史书写的有丰富内涵的概念。

中国传统文化的源流

西周时期，中国建立起尊卑有别、长幼有序的礼乐制度。春秋战国时期，又出现了“百家争鸣”的局面；到秦始皇统一中国，既有“车同轨，书同文”，又有“焚诗书，坑术士”。西汉时，汉武帝罢黜百家，独尊儒术，真正的大一统局面开始形成；东汉时，道家学说与民间方术相结合，形成了本土宗教——道教。等到佛教传入中国，恰逢魏晋南北朝的乱世局面，一度动摇了儒家在思想文化上的统治地位，佛教一面逐渐向中国文化靠拢，一面又保留了原始的教义，并开始逐渐占据中国文化意识形态的主体地位，后来历经南北朝、隋唐时期的多次崇佛、灭佛，最终实现了儒、释、道的三教合一，完成了中国传统文化的蜕变。此后近千年时间里，中国文化的整体特征就是三教合一。建立在儒家思想基础上的中国文化具有极大的包容性，才能融合佛、道，也让中国文化真正成为一种极具活力的、兼容并包的文化体系，这也是中国文化历经几千年兴衰荣辱却并未断绝的原因。

道德之教与宗教之治

从商、周起，上层社会就没有给宗教留下太宽松的发展空间。在绵延数千年的中华文明之中，有宗教的存在，但任何一个宗教都从未完全上升为国教，任何一个王朝都从未建立起政教合一的神权统治。为什么我国没有形成政教合一的传统呢？

因为在我们心中，宗教终归被视为一种玄学，或者叫形而上学。有人说“信我者得永生”，有人说“佛渡有缘人”，可是这些人却也说不清到底如何永生、如何算是有缘人，只是让你信、让你虔诚。但剖开宗教玄妙的外衣，我们就会发现，宗教拥有着一种维持统治稳定的政治力量。从桀、纣到周幽王，从胡亥到隋炀帝，历史已经一次又一次地告诉我们，打天下容易治天下难。

在原始氏族公社时期，世界各地的主要古文明都有一个相似之处，就是大多存在一个祭司阶层。埃及、希腊的情况就不多说了。在黄帝战蚩尤的传说中，双方施展各种法术，可能反映的是原始部落战争时巫师斗法的情景。到了商、周时期，王经常主持祭祀，成为兼君权、神权于一身的最高统治者，巫祝则成了辅佐王的官员。

中国最早的宗教就是鬼神崇拜，鬼就是祖先的亡灵，神就是万物的精灵。殷商尚鬼，凡事都要占卜，就是通过占卜询问祖先如何行事。武王伐纣之后，周人开始宣扬天命观念，为君权神授提供理论依据。大量出土的殷商甲骨卜辞和青铜礼器，已经让我们了解到，当时巫鬼文化盛行，甚至可以说是无事不占卜。

然而鬼神信仰并没有能保佑商朝千秋万代，我们知道武王伐纣建立了周朝，意识到鬼神并不能保证长治久安，于是果断地做出了选择——抛弃巫鬼文化，改用天命理论来解释自己政权的合理性。周人所说的“天”，不是上帝，不是佛祖，不是三清，不是任何一个具体的神，只是一个抽象的概念，是一种自然法则。

这个“天”是在周朝的统治过程中慢慢具象化的，但是这个具象化的过程也并未将其演变为一个人格神，而是成了一种道德秩序和民心向背的反映。就像《尚书》中所说的："皇天无亲，惟德是辅，民心无常，惟惠之怀。"公元前771年，申国军队联合犬戎攻入镐京，杀周幽王，立周平王，从此王室的威信不断透支。到春秋时期，天子的神权地位成了大国争霸的工具，宗教的神秘感进一步丧失。从这一时期的青铜器就可以看出，器型从商、周时期的威严肃穆，逐渐转向实用性、生活化。尽管春秋战国时期的周王室只是在苟延残喘，但是日渐崩坏的礼乐制度仍在发挥余热。利用这样的道德约束，周朝的国祚维持了近800年，是我们历史上延续时间最长的朝代，因而后来的统治者自然也会选择利用这样的道德约束来维持他们的统治。

从时间上来说，当今世界的主流宗教中，基督教诞生于公元1世纪，印度教形成于公元2世纪，伊斯兰教创立于公元7世纪。对中国文化影响巨大的佛教虽然产生于公元前6世纪，但是传入中国的时间则在两汉之际，本土宗教道教形成于汉末。早在周朝开国之时，基督教、印度教的源头犹太教、婆罗门教尚在雏形，当时的中国文化就已经将宗教祭祀阶层从政治中心排除了。因为这片土地的上的人们很早就明白了一个道理，只有政权的合法性得到了天下的公认，统治才能以较低的成本长期维持下去；如果政权的合法性得不到社会的承认，统治也必定不能长久。刘邦得了天下之后，陆贾就向刘邦提出："可以马上得天下，不能马上治天下。"也就是说，汉朝初年，人们就知道靠军队、靠暴力来维持国家统治的成本太高，如果只是依靠暴力机器、严刑酷法来统治国家，那带来的必定是一个动荡不已的社会。就像老子所说："法令滋彰，盗贼多有。"同理，中国人也不会为形而上学去斗争，所以中国历史上并没有爆发过西方历史上的宗教战争。

在经历了近百年的休养生息之后，汉武帝抛弃黄老之术，选择了宣扬"天人感应"的儒学。"天人感应"是西汉今文经学家重新包装的君权神授理论，一方面继承了西周以来的天命观念，一方面又把灾异解释为上天对无道之君的谴告。虽然看上去很像是一种宗教学说，但其目的仍是劝谏统治者行仁政，没有完全脱离现实政治，走向形而上学。由此，我国的文化完成了从信鬼神到重道德的转变，儒家思想、伦理纲常最终取代了宗教。

虽然中国没有形成政教合一的文化，但是宗教在日常生活中仍然具有特殊的意义。当人们遇到难以解释的问题，或难以克服的困难时，就容易相信超自然力的存在，加之宗教天然具有非常强的传播力，在现代中国——一个信仰唯物主义、倡导无神论的国家——人们尚且会在遇到难题的时候去庙里拜拜，或去求签算卦，更不要说那些笃信宗教的国家了。

自古以来，宗教的神秘感就在整个社会大行其道。在起事之前，组织者总喜欢借助所谓上天的旨意，用来统一思想，例如“大楚兴，陈胜王”，“苍天已死，黄天当立”，“石人一只眼，挑动黄河天下反”；在事成之后，他们依旧要找一些异象来证明自己获取权力的正当性，例如开国皇帝出生时总会出现满室红光、紫气东来的景象，或有童谣预示，或有神仙指点，或有祥瑞降临。

中国人看似需要宗教，又好像并不需要宗教；中国人什么神都拜，民间信仰极其复杂，却又是天然的无神论者。如何解释这一现象呢?

20 世纪初，文化界有一次非常热烈的讨论，焦点就是中国传统文化中有没有宗教。一直到现在，人们对于这个问题也还有各种各样的看法。此外，人们对宗教的认识也存在偏颇，好像宗教就是对神的信仰，或者一神，或者多神，其实并非如此。中国文化中的确比较缺少神的因素，然而近代以来受到西方宗教观念的影响比较深，所以我们常常觉得自己是没有宗教信仰的。

中国古代自巫史分流以后，就没有在社会上占据重要地位的僧侣阶级了，所以我们常常觉得自己是没有宗教信仰的。但是，孔子讲“未知生，焉知死”（《论语·先进》），从不谈论“怪力乱神”（《论语·述而》），“敬鬼神而远之”（《论语·雍也》），却又主张“祭神如神在”（《论语·八佾》）。孔子以后，孟子讲“知其性则知天”，“存其心，养其性，所以事天也”（《孟子·尽心上》）。可以说孔、孟以前周人的天命观念，孔、孟创立的儒家学说，以及孔、孟以后从“天人感应”到“天理”、“良知”之学，都带有一定的宗教情怀。周朝的祭天之礼虽然只限于帝王，但是既然有祭天之礼，就有宗教情怀在里面。孔、孟虽然重视仁人之道，在尽心知性的修养上下工夫，然而他们也没有明确否定“天”或“上帝”的存在。而孔、孟在立身行道与为政施教的实践中也有一种宗教情怀。所以我们未尝不可说儒家是一宗教，事实上儒家在国外经常被称为“儒教”。这种宗教是信仰天人合德的人文宗教，这种宗教的仪式就表现在各种祭祀礼仪中。荀子说“礼有三本：天地者，生之本也；先祖者，类之本也；君师者，治之本也”（《荀子·礼论》），所以祭祀礼中包含祭天地、祭祖宗、祭圣贤。民间祠堂的神位中有天、地、君、亲、师，这就包括了祭天地、祭祖宗、祭圣贤的宗教道德意识。在古人的观念中，天地孕育万物，祖宗繁衍子孙，圣贤教化世人。周礼以祖考配天。后人祭孔，也认为孔子德配天地。

道家不信天神地祇，而信产生天地之大道，同时又认为人得道即与天地造物主同游，要求人通过修炼成为“与天地比寿，与日月齐光”的神仙，表现为对得道之人的尊重。

佛教的诞生，源于其反对婆罗门教梵天在人之上的思想。佛教主张人成佛即有无量功德，崇敬佛，就是崇敬一种高尚的人格。佛学到了中国，发展出即心即佛的禅宗，更表达出尊重人心之意。中国文化中天人合德而尊重人心的思想，正是佛教得以盛行于中国的缘由所在。基督教也讲神人合一，与天人合德也有相通之处，这就是基督教能融摄于中国文化的缘由所在。不过，佛教中没有“上帝”或“天”的概念，基督教不重祖宗与圣贤，且认为人不能对祖宗、圣贤与对天主有同样的宗教信仰。而事亲如事天，敬祖先、圣贤如敬天，却是中国人文宗教精神的最广大之处。

从字面来看，宗教就是以宗师的学说教化世人的理论体系。儒家“祖叙尧、舜，宪章文、武，宗师仲尼”（《汉书·艺文志》），孔子就是这一宗教的宗师。中国式的人文宗教一方面不是特别看重对神的崇拜，一方面又强调道德修养、主张克制私欲，这与西方的宗教有巨大的差别。

西方历史走了两个极端，开始是对神的绝对崇拜；文艺复兴、宗教改革将人从神权的束缚里解放出来，使人的自由意志充分发展，倡导理性主义，主张以知识的力量去征服和改造这个世界。从此以后，人又变成了追逐物欲的动物，成了物质的奴隶，自我异化。然而西方社会并没有全盘否定宗教，反而随着科技的发展，西方的宗教文化也随着列强的对外扩张，开始向全世界传播。马克斯·韦伯（Max Weber）等西方学者甚至认为，宗教改革与资本主义的发展达成了某种心灵契合。然而西方宗教文化的弊端也是显而易见的，为了避免人格的异化，中国的文化可以说相当有针对性。

中国传统文化常常把佛教视为一种自心的文化，认为一切问题的根源都来源于内心的贪、嗔、痴，三毒攻心才会让人们对外物追逐不已，由此带来了许多痛苦。佛教主张修持戒、定、慧，来消灭贪、嗔、痴，这是从根本上去解决人们对相的执著，对自我的执著，然后去超越它，看到众生平等、诸行无常、万物无我的诸法空相。人心被物欲所驾驭，不得安宁，不得清静。如果能够认识到因缘聚合、缘起性空的道理，能够看到过眼烟云和转瞬即逝的无常，那么我们就可以拿得起、放得下了。

西方需要这种文化，我们自己更加不能丢掉。儒家修养身心的目的，就是为了能够让人在社会上各得其所，真正实现自我的价值，正如孔子所说“从心所欲，不逾矩”(《论语·为政》)。

无论是西方中世纪的政教合一体制，还是中国古代天人合德的礼乐制度，都是在特定历史环境下产生的，也都是为了维护社会的稳定而形成的。中国古代的统治者注重道德之教，也并非不看重宗教之治。当佛、道成了影响力巨大的民间信仰，统治者就不可能将其完全清除。在中国历史上，历代统治者对佛、道的态度，是既防范又利用，时而宣扬，时而禁绝。南北朝时期，社会黑暗，战乱频仍，生活在苦难中的百姓不得不将命运寄托于来世、彼岸，处在各种政治危机中的统治者也以佛、道麻醉自己，或借助宗教的号召力笼络人心。当时既有“南朝四百八十寺”和凿石窟、造佛像的盛况，也有灭佛的法难。寺院利用统治者崇佛给予的特权，兼并土地，大兴土木，又有大量破产的农民依附于寺院的田园，再加上僧尼众多，严重影响官府的税收徭役，于是北魏太武帝、北周武帝两次灭佛，没收寺院的田产，销毁佛像来铸钱，强迫僧尼还俗并编入户籍，与后来唐武宗灭佛、后周世宗灭佛并称“三武一宗之厄”。

当社会经济恢复，社会秩序稳定以后，统治者又会放宽对宗教的管制，甚至加封在民间信仰中有影响力的神灵为帝王、娘娘，以此达到巩固统治、劝人向善的目的，大成至圣文宣王（孔子）、关圣大帝（关公）就是非常有名的例子。

也正因如此，从周朝开始，中国就以道德的自觉自律来维系社会的和谐、家庭的和睦，而西方大部分时间都是以上帝的意志和救赎来维系社会和家庭的安定。中国则非常实际，从来不依靠上帝，靠人们的道德自觉，同样可以实现社会的稳定发展。中国文化强调道德的自觉维系，教化人们要懂得羞耻。

如何调动人的道德自觉性呢？孔子提倡“仁”。“仁”有一层含义就是“克己复礼”，即要求人们克制自己的私欲、战胜自己的弱点，恢复礼制，尊重礼教，所以孔子说“克己复礼为仁”。礼要落实到言行中：“非礼勿视，非礼勿听，非礼勿言，非礼勿动。”（《论语·颜渊》）中国社会自古以来就强调道德的自觉维系，而不是借助神灵一类的外在力量来干预。外在的力量是否有用？当然有用，不过只起到防范和补救的作用。

孔子说：“道之以政，齐之以刑，民免而无耻；道之以德，齐之以礼，有耻且格。”光靠刑法来管大家，老百姓可以不去违犯，但是他们不会认为违犯法令是羞耻的，也就没有道德的自觉。反之，用礼的规范约束人民，而不是用刑法来强制，他们做任何事情，都会沿着一条正确的道路去走，而且如果做错了，就会有一种发自内心的羞耻。有耻和无耻是人和动物的重大区别，动物是不懂羞耻的，人却懂得。按照礼制，天子才能观八佾之舞，诸侯只能观六佾之舞，大夫只能观四佾之舞。所谓佾，就是表演乐舞的演员一行八人，天子可以有八八六十四人跳舞，诸侯则是六八四十八人，大夫只有四八三十二人。春秋时期，礼崩乐坏，鲁国大夫季氏竟然在家观看八佾之舞，孔子叹息说：“是可忍也，孰不可忍也！”（《论语·八佾》）所以孟子讲“无耻之耻，无耻矣”

(《孟子·尽心上》)。作为一个人，一定要懂得羞耻，有羞耻之心才知道什么该做，什么不该做。所以“政”、“刑”和“德”、“礼”这两套为政理念应该相互配合。尤其在中国文化的背景下，维系社会的和谐以人们的道德自觉为主，以外在的干预为辅。如果信仰上帝，人的解脱、超越靠的是上帝的救赎，不是靠自己的道德自觉。

在中华文明之中，道德的自律至关重要。为什么欧洲启蒙思想家对中国文化感兴趣呢？因为中国文化可以充分调动人的自觉性，道德的自觉和自律就是维系中国家庭和睦、社会和谐的根本基点。春秋末期，礼崩乐坏，其中一个重要的原因就是人们失去了道德的自律和自觉，谁都不愿意去遵守道德规范，所以就礼崩乐坏了。人们认为儒、道、墨、法诸家都不是宗教；既然没有宗教，人们就没有信仰，所以在社会转型期才会出现社会公德缺失的问题。其实，中国并非没有宗教和信仰，而是不能以西方文化的标准去看待中国文化中的宗教和信仰。

中国文化的道统

中国文化之所以博大精深，就是因为它的内容非常丰富，它的结构非常多元，不过它也有一个中心，有一个主体，那就是儒、释、道三教。为什么这样讲呢？因为中华文明的大传统里面有许多其他文化的元素，甚至包括基督教文化、伊斯兰教文化这些中国传统之外的东西，所以说它们是中国传统文化的元素。基督教在公元6世纪就传入中国，这有明确的历史记载，也有出土文物可以证实，如《大秦景教流行中国碑》。到了金、元时期，就有很多蒙古贵族信仰基督教。到了明代，大批欧洲传教士来到中国，中国也有很多官员信仰基督教，甚至与这些传教士交流数学、天文等自然科学知识。基督教文化已经进入到中国传统文化中，而且也起过作用。伊斯兰教于公元7世纪传入中国，而且没有间断过，在某种程度上，它跟佛教一样，已经跟中国的传统文化融合得非常紧密了。

但是，真正可以称为中国文化的支柱和主体的，还是儒、释、道，它们鼎足而三，既有不同的一面，又有相互贯通、相互影响的一面，共同支撑起了中国的传统文化。其实，在中国传统文化中，本来无所谓宗教的概念，儒、释、道皆可教化众生，皆可为宗教。但由于近代我们接触的宗教概念来自于欧洲，它是和理性、科学相对抗的，被认为是盲目崇信神权，一味追求彼岸世界。按照这些标准，儒、释、道又不是宗教，因为三家并不反对个人理性，反而强调自我意识，建立在非外力的自信基础之上，而且三家更不会与科学对立，因为古代中国根本没有现代意义上的科学。但我们却接受了这种西方的宗教观，一说到佛教就认为它是迷信，或者盲目求神拜菩萨，实际上只有接受了这种宗教观的人才会把求神拜菩萨看得很重。在大多数老百姓心中，菩萨是不会保佑坏人的，得到保佑的前提是积德行善。

单从社会功能上看，中国传统文化中的宗教和其他任何文化样式一样，都起着教化的作用，儒、释、道都是塑造人心的有益教化，所以才能三教合流、万善同归。如果我们没有一个正确的宗教观，不接触就排斥，那么何以引导其为社会服务，为社会做贡献呢？我们今天要继承传统文化，一方面要了解对传统文化的主体结构——儒、释、道；另一方面也要了解整体文化构架的特色。我们要全面继承，不要简单地去厚此薄彼，也不要一会儿排除这个，一会儿排除那个，更不要简单比较高下优劣。中国文化本来就是在相互借鉴、吸收、包容的过程中发展而成的。

1. 三教之儒学

《汉书·艺文志》上说："儒家者流，盖出于司徒之官，助人君顺阴阳、明教化者也。游文于六经之中，留意于仁义之际，祖叙尧、舜，宪章文、武，宗师仲尼，以重其言，于道为最高。"儒家思想是春秋时期的伟大思想家孔子以尧、舜、文、武等圣人的言行、思想、制度作为主要学说而创立的思想体系，反映了中华文明的核心价值，对我国的历史发展影响深远。孔子之术经孟子等人宣传推广，在战国时期成为显学。西汉时期，汉武帝"独尊儒术"，儒家思想从此成为我国历朝历代的指导思想。在中华民族复兴的今天，学习儒学有着更为重大的意义，儒学本身也肩负着更为重大的使命。

儒学的思想来源

关于“儒”这个字的含义，《说文解字》的解释是：“儒，柔也，术士之称。从人，需声。”也就是说，儒最早是术士的一种，这个字有柔弱的意思。

关于儒字的“柔弱之意”，有这样一种解释：我国古代社会一度十分重视祭祀活动，商朝时期出现了专门负责办理丧葬事务的人员，这些人属于术士，被称为“儒”。儒者精通各种礼仪风俗，经过长期发展，逐渐形成一种相对独立的职业。但由于儒者的地位低微，没有固定的财产和收入，在工作时还经常要仰人鼻息，因此性格就变得比较柔弱。

如此看来，《汉书·艺文志》对于“儒家”的阐释还是基本符合事实的。儒家推崇尧、舜、文、武，把他们所生活的时代理想化，西周初年的礼仪制度被认为是最合理的，而这些礼仪制度的创立者——周公，也成了儒家极为推崇的圣人之一，他的天命观念和礼治思想被孔子及之后的儒家所继承。除此之外，原始社会形成的血缘氏族关系和祖先崇拜信仰对儒家思想的形成也起到了重要的作用。

“周公”原本是周朝的一个爵位，受封该爵位的人负责辅佐周天子治理天下。但通常人们特指周武王的弟弟叔旦为周公。周公旦是西周初期杰出的政治家，被认为是儒家学说的始祖，是孔子最为推崇的古代圣贤之一，有“元圣”之称。

殷商末年，兴起于陕西地区的周国壮大起来，周文王在太公望等贤臣的辅佐下把国家治理得很好，并且具备了向商王朝发起挑战的实力。当时商纣王昏庸无道，天下离叛，周有望取而代之。文王死后，武王即位，周公旦成了武王的得力助手。公元前1046年二月甲子日，周武王召集各路诸侯，联合出兵讨伐商纣王，在商郊牧野举行了誓师仪式，誓词就是《尚书》中的《牧誓》。

《牧誓》相传为周公所作，全文分成两段。第一段痛斥商纣王只听妇人（妲己）的话，不仅不祭祀祖先和天地之神，甚至连自己同宗兄弟都不进用，反而重用四方逃亡的罪人，让他们鱼肉百姓，导致天怒人怨；第二段申明自己是躬行天罚，宣布作战纪律，鼓励战士勇猛杀敌。各路诸侯士气振奋，再加上殷商军队临阵倒戈，强大的商王朝终于崩溃了。武王伐纣之后建立了新的王朝——周朝，定都镐京。

武王在周朝建立后不久就去世了，即位的成王年幼，由叔父周公辅政。周朝初建时期，政局不稳，被武王封于邶国（今河北邯郸一带）的纣王之子武庚企图发动叛乱，恢复商朝。与此同时，武王的三个负责监视商朝遗民的弟弟管叔鲜、蔡叔度、霍叔处，以周公旦摄政并大权独揽为由传播流言蜚语，声称："公将不利于王。"周公闻言，便对太公望和召公奭说："我所以不顾个人得失而承担摄政重任，是怕天下不稳。如果江山变乱，生民涂炭，我怎么能对得起列祖列宗，和武王对我的重托呢？"不久，武庚拉拢管叔鲜、蔡叔度、霍叔处举兵叛乱，史称"三监之乱"。周公出兵平定了叛乱，杀死了武庚、管叔，流放了蔡叔，将霍叔废为庶人。虽然国家恢复了平静，但周公却认为这次叛乱是制度上的漏洞造成的。

为了使国家长治久安，周公制订了规范君臣关系的礼乐制度，并且大封诸侯，重新安置商朝遗民。周公被封于鲁国，但他辅佐成王无法就封，便让自己的儿子伯禽前往封地。临别之前，周公对伯禽说："我是文王之子、武王之弟、成王之叔父，论身份地位，即使放在全天下来说，也很显赫的了。但是我时刻注意勤奋俭朴，谦诚待士，唯恐失去天下的贤人。你到鲁国去，千万不要骄狂无忌。”整个周朝，鲁国与天子的关系最为亲近，属于“宗邦”，在诸侯之中则属于“望国”，鲁国也因此成为典型周礼的保存者和实施者，世人称“周礼尽在鲁矣”(《左传 · 昭公二年》)。

周人思想中对儒家影响最大的就是“天命”和“天道”的观念。“天命”就是上天的意志或命令，实际上反映的是人间统治者的意志。据甲骨文记载，商朝时期就产生了关于上帝的观念。周朝建立之初，周公总结了商朝灭亡的教训，提出“敬天保民”的思想。周公认为，天命不是永恒的，只有仁德的君主才会得天命，否则就会失天命。平定三监之乱后，周公旦将殷商旧都朝歌分封给康叔封，国号“卫”，并嘱咐他说：“呜呼！肆汝小子封，惟命不于常，汝念哉！”(《尚书 · 康诰》) 大概意思是，告诫康叔天命不常，即使受封也要谨慎行事。周公认为，商朝就是因为行暴政而失天命，导致上天转而护佑于周，所以周朝的统治者也要谨慎，不能失去上天的护佑。我国古代帝王常常借“天命”来宣扬“君权神授”观念，要求人们不得违抗天意。

“天道”指万物运行的规律，也包括人事的吉凶祸福及其规律。我国古代思想家对“天道”的解释是多种多样的。郑国大夫子产说：“天道远，人道迩，非所及也，何以知之？”（《左传·昭公十八年》）老子说：“天之道，损有余而补不足。”他们都认为天道是大自然运行的规律，是周而复始的，而且事物发展到了顶点必然会向相反的方向转化。《尚书·汤诰》说：“天道福善祸淫，降灾于夏。”《左传·昭公十一年》说：“天之假助不善，非祚之也，厚其凶恶而降之罚也。”这两条记载中的“天道”带有“天命”的意思，说的是行不善之举将会遭到上天的惩罚，这种观念对后世“天人合一”的学说影响很大。

古人认为，天命不可违抗，天道可以左右人事，所以若要成大事就一定要得到上天的授权。皇帝登基之前要靠“祥瑞”或“符谶”来造势，农民起义领袖也借“天命”和“天道”来发动群众，前文已有阐论，此处不再赘述。

儒家学派的创立

到了春秋时期，维系宗法等级制度的纽带断裂，周天子威信不在，新的社会矛盾引发的危机撼动了传统礼仪制度的权威。在社会急剧变迁的时代背景之下，身为末等贵族的士，虽然出自掌握文化的精英阶层，但是政治经济地位最不稳固，这些人流落民间，反而促进了文化下移，他们对未来建立何种社会模式的问题进行了深入的探讨，形成了“百家争鸣”的局面，并在社会制度、人性、世界本原等方面阐述了各自的观点，同时也打破了“学在官府”的局面。孔子就是中国办私学的第一人，他广收门徒，成为儒家思想的开创者。

孔子（前551—前479），名丘，字仲尼，春秋末期鲁国人。根据《史记·孔子世家》记载，孔子的祖先是宋国贵族，属于商朝遗民的后裔。从六世祖孔父嘉开始，孔子家族以孔为氏。孔子的曾祖父为避宋国内乱，来到了鲁国。孔子的父亲叔梁纥是一位勇士，任鲁国的陬邑大夫，孔子是他的次子。据说孔子出生时，头部的形状很像家附近的尼丘山，故取名为丘，字仲尼。孔子在三岁时父亲去世，从此家道中落。然而孔子并没有畏惧困难，艰苦的生存环境反而激发了他积极进取的精神。他聪明好学，二十岁的时候，学识就已经非常渊博，被当时人称赞为“博学好礼”。

孔子青年时代曾做过管理仓库的小官，无论事情大小，他都力求完美。孔子早年曾经去过齐国，受到了齐景公的赏识，可是遭到了齐国大臣晏婴等人的抵制。孔子见懦弱的齐景公并不能保护自己的安全，于是逃离齐国回到了鲁国。到五十多岁的时候，孔子担任了鲁国的大司寇，掌管刑狱，其政治才能迅速得到施展，可同时又遭到以“三桓”为首的权贵的排挤。为捍卫国君的权威，孔子想要摧毁三桓封邑的城防，失败之后，他愤然离开鲁国开始周游列国，希望寻找能够接受自己政治主张的明君。

孔子带弟子到了卫国，卫灵公很赏识孔子，按照鲁国的标准给他俸禄，但是并没给他任何官职，不让他参与政事。有人在卫灵公面前进谗言，卫灵公对孔子起了疑心，派人监视其行动，孔子只好带弟子离开卫国，打算去陈国。路过匡邑时，因误会被人围困了五天。此后，孔子一行又辗转回到了卫国，卫灵公听说后，兴奋异常，亲自出城迎接。此后孔子多次离开卫国，又几度回到卫国。一方面是由于卫灵公对孔子还算尊敬，却不能重用；另一方面是孔子离开卫国后，没有别的去处，只好又返回。虽然他大多数时候都受到了国君的礼遇，但是其政治主张与当时急功近利的争霸战略不相符，所以历经十四年也没有受到重用。

孔子于鲁哀公十一年（前484）返回鲁国，时年六十八岁。由于政治上不得意，孔子便将很大一部分精力用在教育和古籍的整理上，一方面开了私学的先河，打破了贵族的文化垄断，另一方面保护了大量古代文献。鲁哀公十六年，孔子逝世。在他之后，“儒分为八”，但各派别都以孔子为宗师。宋代以后，孟子地位上升，逐渐成为仅次于孔子的儒家先贤，被称为“亚圣”。所以，儒家又称“孔孟之道”。

孔子虽然主张“祖述尧、舜，宪章文、武”，自称“述而不作”，但是他也没有照搬古代圣人的思想，而是对传统文化加以适当的改良，以便在社会实践中建立一种新的和谐与平衡。战国时期，这种改造显得尤其突出，人们期待着在崩溃的旧制度的废墟上建立打破尊卑等级束缚的新价值观。

孔子的主要学说

“仁”和“礼”是孔子学说的核心。

“仁”作为一种道德品质，并非孔子凭空创造。《左传·成公二十九年》说“不背本，仁也”，《庄公二十二年》

说“以君成礼，弗纳于淫，仁也”。从这些记载看，仁的意义很宽泛，但不外乎尊敬长辈、爱护下属、忠于主君、遵守祖制这几个方面。孔子基本继承了这些对仁的认识，并且在前人的基础上有所发展，使之成为比较系统的学说。

孔子所说的仁主要包括两方面含义。第一，“仁者爱人”，这是孟子对孔子“仁”学说的总结。据《论语·颜渊》记载，有一次，弟子樊迟问孔子什么是仁，孔子回答说：“爱人。”社会各阶层都应互相仁爱，尤其是统治者，更应该以爱护臣僚和百姓为第一要务。在回答子张的提问时，孔子说，“能行五者于天下，为仁矣”，子张问是哪五者，孔子回答说：“恭、宽、信、敏、惠。”（《论语·阳货》）孔子认为，待人诚恳宽容也是仁的体现。孔子希望通过仁爱建立起充满人情味的伦理关系，从而实现社会的稳定。第二，“克己复礼为仁”，这是孔子在颜回提问时作出的回答。春秋时期，礼崩乐坏，孔子认为导致这种局面出现的根本原因是人们的道德堕落了。所以，“克己复礼”的关键在于“克己”，完善的礼乐制度是社会上每个人通过对自己欲望的克制恢复起来的。臣对君的忠诚是仁，君对臣的礼遇也是仁。在家庭关系方面，子女对父母的孝顺是仁，兄弟姐妹之间的友爱也是仁。在孔子看来，社会上人与人的关系与家庭关系都是一致的。

孔子认为，高尚的道德情操是做人的基础和参与社会生活的资格，所以，与知识、才能、地位甚至生命相比，仁就变得更为重要了。

孔子思想的另一个重要概念是“礼”。

我国是“礼仪之邦”，这里的“礼仪”并非今天所说的文明礼貌，而是“礼乐制度”。“礼”在孔子之前就出现了。《左传·隐公十一年》说“礼，经国家、定社稷、序人民、利后嗣者也”，《昭公十五年》说“礼，王之大经也”。在孔子之前，礼就是社会政治生活中的重要内容，是人们必须遵守的行为规范和道德准则。

相传西周初年周公旦制礼作乐，规定了天子、诸侯、大夫、士等阶层的行为标准，凡是不属于自己等级所规定的事情都不能做，做了就不符合礼。比如，宗庙制度方面，规定天子七庙，诸侯五庙，如果哪位诸侯私设七庙，那就是僭越之罪，跟谋反差不多。

公元前841年，周厉王因重用荣夷公、行“专利”，侵犯了国人和其他贵族的利益，引发国人暴动，被赶下台，死在了外地。后来他的儿子宣王继位，一度以武力重新树立了王室的权威。公元前817年，鲁武公带着长子括和少子戏朝见宣王。宣王喜爱公子戏，竟然命令鲁武公将其立为太子，公然违反周礼而废长立幼。鲁武公死后，鲁国因争夺君位陷入内乱，周宣王又出兵干涉，诸侯对此颇有微词。公元前771年，对王室不满的申国联合游牧民族犬戎攻破了镐京，杀死周幽王。第二年，申、缯、许等异姓诸侯立周幽王之子宜臼，是为平王。与此同时，以虢国为首的姬姓诸侯立幽王之弟余臣，是为携王，出现了二王并立的局面。平王不得不把都城迁到洛邑，洛邑居于天下之中，位于镐京以东，所以史称东周。携王宠信和偏袒虢公翰，导致姬姓诸侯阵营的分裂，晋文侯杀死携王投靠了平王。平王为了感谢各路诸侯的支持，把王畿大片土地赐予他的支持者，王室逐渐成了大国的附庸。

贵为天子的周王带头违反周礼，又因王室实力由强变弱，到了东周时期，天子声威逐渐衰落，诸侯也不再遵守以王室为核心的礼乐制度了。

春秋初期，郑国强大，郑庄公曾与周平王交换人质以示互信。公元前711年，周桓王为了挽回颜面出兵伐郑，反而被打败，甚至中箭受伤。后来齐、晋、楚等大国又展开争霸活动，周天子竟派代表参加诸侯会盟，默认诸侯争霸合法化。公元前606年，楚庄王问鼎于洛阳郊外，显示了他企图代周为天下共主的野心。与孔子同时代的鲁国大夫季氏在自家里观看天子排场的乐舞“八佾”，孔子气愤地说：“是可忍也，孰不可忍也！”最开始“礼乐征伐自天子出”，后来发展为“自诸侯出”、“自大夫出”，甚至“陪臣执国命”（《论语·季氏》），由大夫及其家臣掌握国家实权，这一切，都是孔子主张“克己复礼”的原因。

孔子认为，造成礼崩乐坏的根本原因是人们不能抑制自己过度膨胀的欲望，每个人都希望得到更多，导致了争斗的日益残酷，国家秩序紊乱，民不聊生。所以孔子致力于寻找接受自己政治主张的明君，但没人愿意“克己”，“复礼”就更谈不上了。

孔子与“六艺”

孔子是中国古代伟大的教育家，他提出了很多至今仍有极高价值的教育理念，比如有教无类、举一反三、启发诱导、因材施教等，而他向弟子所传授的知识，可以总结为“六艺”。

“六艺”有两个含义：一是礼、乐、射、御、书、数，即礼仪、音乐、射箭、驾车、书写、数术；一是“六经”，即《诗》《书》《礼》《乐》《易》《春秋》，其中《乐》早已失传，因此“五经”就成了最重要的儒家经典。

孔子曾经说过：“志于道，据于德，依于仁，游于艺。”（《论语·述而》）学艺要以道、德、仁为基础，这是修身的大前提。不论“六艺”指哪层含义，儒家思想的内涵可以说就蕴藏在上述几本经书之中。孔子自称“述而不作”，认为自己只是古圣先贤思想遗产的继承者和传播者，这些都是文化瑰宝，足以让世人受用终身，因此他没有必要创造自己的学说。其实这是孔子的自谦之词，孔子有自己思想、观点，主要通过《论语》来展现，而“五经”则是这些思想、观点的根源。礼、乐、射、御、书、数等“六艺”的精髓，也都在“五经”之中。

《诗》

《诗》指的是《诗经》。周人有作诗、诵诗的传统，诗与礼乐的关系最为密切，无论是宗庙祭祀，还是朝聘会盟，贵族也常作诗讽议时政。从西周初期至春秋中叶间大约五百年间流传的诗歌，有三百多篇，又称《诗三百》，孔子用来教导子弟。孔子曾对儿子孔鲤说："不学诗，无以言。"（《论语·季氏》）这句话道出了诗的基本功能，就是丰富语言，至少也可以"多识于鸟兽草木之名"（《论语·阳货》）。儒家之所以看重《诗》，还在于其道德教化的功用，"一言以蔽之，思无邪"（《论语·为政》）。《诗》在西汉时则被尊为儒家经典，称《诗经》，这一名称沿用至今。

关于《诗经》的编集，现在有两种说法：一是行人采诗说，《汉书·艺文志》曾言："古有采诗之官，王者所以观风俗，知得失，自考正也。"《诗经》三百零五篇的韵部系统、用韵的规律和形式基本上是一致的，而它包括的时间、地域都极为广泛，在古代交通不便、语言互异的情况下，如果不是经过有目的的采集整理，很难产生这样一部诗歌总集，因此采诗说是可信的。二是孔子删诗说，不过许多近代学者认为此说不可信。但根据孔子自述："吾自卫返鲁，然后乐正，雅、颂各得其所。"（《论语·子罕》）可知孔子确曾为《诗》做过修正。

《诗经》分为风、雅、颂三部分，风主要是从各地采集的土风歌谣，共计一百六十篇；雅是周朝王畿地区的正声雅乐，大多是贵族创作的诗篇，分为《大雅》三十一篇，《小雅》七十四篇，共一百零五篇；颂指的是宗庙祭祀的乐舞歌辞，内容多是在歌颂祖先的功业，分为《周颂》三十一篇，《商颂》五篇，《鲁颂》四篇，共四十篇，几乎全部是贵族文人的作品。从时间上看，《周颂》和大部分《大雅》产生于西周初期，少部分《大雅》和大部分《小雅》产生于西周后期至王室东迁时，而《国风》大部分产生于春秋时期。

《诗经》是中国现实主义文学的光辉起点，它较为全面地展示了西周至春秋时期的社会生活和风土民俗，从一个侧面反映了西周礼乐文化从兴盛到衰败的历史风貌，其丰富的内容、杰出的思想成就和艺术成就在中国乃至世界文化史上都占有重要的地位。

《书》

《书》也是到汉代时才被称为《书经》或《尚书》，“尚”即“上”，“尚书”意为上古之书。这是一部古代历史文献汇编，书中大部分内容为帝王的文告以及君臣谈话内容的记录，保存了商周时期特别是西周初期的一些重要史料。《尚书》成书于战国时期，此前可能也曾由孔子整理过，然而个别篇章也出自战国儒生的手笔，如《禹贡》等篇。汉初，儒生伏胜所传《尚书》为今文经，后来从孔子旧宅等处又陆续发现了用先秦六国文字书写的《尚书》逸篇，为古文经。孔安国曾为《古文尚书》作传，然而此书至西晋末在永嘉之乱中毁于战火。东晋时，豫章内史梅赜伪造《古文尚书》及《孔传》。到唐代，官修《五经正义》将今古文《尚书》合二为一，成为今天通行本的底本。关于今文经和古文经，详见下文。

尽管《尚书》有部分伪作，但是其价值仍然不可小觑，其“王道”、“执中”的观念，对后世政治思想影响很大。《尚书》素来被视为中国古代的政治哲学经典，它不但是帝王治国的教科书，也是贵族子弟及士大夫必遵的大经大法，在政治思想史上很有地位。人们常说的“饱读诗书”，就是指《诗经》和《尚书》。

《礼》

“五经”中的《礼》最初指《仪礼》，这是我国古代记载典礼仪节的书，亦称《礼经》《士礼》。两汉儒生又编纂了《周礼》和《礼记》，与《仪礼》合称“三礼”。

根据考古材料及古文献的记载，商、周统治者都有着名目繁多的典礼，其仪节日益繁杂，并且有经过专职训练并经常排练演习的人员。儒生们掌握的是创于西周并在春秋以后更加通用的各种仪节，经不断编排整理，成为一本职业手册，即《仪礼》。他们要为天子、诸侯、士大夫等阶层操办各种不同的礼仪，《中庸》有“礼仪三百，威仪三千”的记载。

孔子教导儿子孔鲤说：“不学礼，无以立。”礼仪是人们立身处世的行为准则。鲁国大夫孟僖子曾因不精通礼仪，在外交场合吃了亏，临终前嘱咐儿子好好学礼。于是他的儿子孟懿子、南宫敬叔都拜孔子为师。

《仪礼》文字艰深晦涩，传到了汉代只剩十七篇，包括冠、婚、朝聘、丧祭、射乡五项典礼仪节，列入“五经”。

《礼记》是战国至秦汉间儒生为解释《仪礼》所作，后经西汉戴德（大戴）、戴圣（小戴）叔侄删改而成。《大戴礼记》流传不广，到今天已经亡佚了大半。《小戴礼记》因汉末大儒郑玄作注，影响很大，到唐代取代《仪礼》被列入“五经”。现在所谓《礼记》就是《小戴礼记》。这是一部儒家思想的资料汇编，主要记载了先秦的礼制、礼义，以及孔子和弟子的问答等，不仅阐述了修身作人的准则，而且广泛涉及政治、法律、哲学、历史、文艺、历法、风俗等诸多方面，集中体现了先秦儒家的政治思想和伦理思想，是研究先秦社会的重要资料。

《周礼》，又名《周官》，主要记载了周王室及诸侯国的官制，共记载了王室大小官职三百多种，并详列各官的职权。全书共六篇，包括《天官冢宰》《地官司徒》《春官宗伯》《夏官司马》《秋官司寇》《冬官司空》。其中，《冬官》一篇散佚，西汉时增补《考工记》，被称为《冬官考工记》。古人认为《周礼》为周公所做，是“周公致太平之迹”、“太平经国之书”。但也有人认为是西汉刘歆的伪作。近代学者根据出土青铜器铭文的记载，与书中的政治、经济制度互相参考，认定《周礼》大多为战国时期的作品，最迟成书于西汉。

《易》

《易》，又称《周易》，汉代以后又称《易经》，是一部古代奇书，在我国乃至全世界范围内，都有着极为深远的影响。传说伏羲根据龙马、神龟所驮的“河图洛书”，创制出八卦。后来周文王被拘羑里，将八卦推演成六十四卦。到了春秋时期，孔子又为周易做了“十翼”。所以说《周易》“人更三圣，世历三古”（《汉书·艺文志》）。《周易》分为“经”和“传”两部分。“经”包括六十四卦的卦象以及相应的卦名、卦辞、爻名、爻辞等。“传”包括《彖》上下篇、《象》上下篇、《文言》、《系辞》上下篇、《说卦》、《序卦》和《杂卦》，一共七种十篇，即相传为孔子所作的“十翼”。

《周易》是一部阐述宇宙万物与人类社会变易法则的书，书中充满了深刻、朴素的辩证法思想。《周易》的“易”字即变化之意，书中主张“不可为典要，唯变所适”，强调“见几而作”，提倡“厚德载物”、“自强不息”。

《周易》文字晦涩难懂，然而根据“帝乙归妹”等爻辞可知，其中保存了不少西周以前的史料，所以卦名、爻辞必定有所指，只是后人已经不解其意罢了。书中蕴藏着丰富的哲理，孔子说：“五十以学《易》，可以无大过矣。”（《论语·述而》）然而《周易》不仅仅是一部儒家经典，后世的阴阳家、象数家、玄学家，甚至和尚、道士，都喜欢钻研此书，并能从中获益。五千年的中国文明史，中华民族之所以能够历劫不覆，与我们能够与时俱进地把握《周易》精神是息息相关的。

《春秋》

“五经”的最后一部《春秋》，本是鲁国的编年史，孔子对其进行修订，使其成为儒家经典之一。它记载了从鲁隐公元年（前722）到鲁哀公十四年（前481）之间的历史，是中国现存最早的一部编年体断代史书，具有很高的史料价值。《春秋》原文不到两万字，书中用精简的语言记载了春秋时期两百多年间各国攻伐、盟会、篡弑及祭祀礼俗等方面的重大事件，因文辞含蓄微妙，内含精深切要的义理，所以被人誉为“微言大义”。鉴于其文字过于简质精炼，后人不易理解，因此诠释之作相继出现，其中最为有名的有《左传》《公羊传》和《穀梁传》，合称为“春秋三传”。

从先秦到西汉，儒家经典一直都是“五经”，后来就慢慢发展出了“十三经”的说法，即《周易》《尚书》《诗经》《周礼》《仪礼》《礼记》《春秋左传》《春秋公羊传》《春秋穀梁传》《论语》《孟子》《孝经》和《尔雅》。到了南宋，理学家朱熹从《礼记》中提出《大学》和《中庸》两篇，又与《论语》

《孟子》并称为“四书”。

孟子和荀子

虽然很多人说“春秋无义战”，但大多数争霸战争还是打着“尊王攘夷”的旗号。到了战国时代，各国连这块遮羞布都不要了，国君纷纷摒弃原来公、侯、伯、子、男的爵位，开始自立为王，彻底抛弃了“礼制”。而战国时代正是以“三家分晋”、“田氏代齐”等一系列篡弑事件拉开了序幕，这也是春秋时期卿大夫专权局面的延续。此时，孔子已经去世多年，他所创建的儒家学派也分成了八个流派，据《韩非子·显学》记载：“有子张之儒、有子思之儒、有颜氏之儒、有孟氏之儒、有漆雕氏之儒、有仲良氏之儒、有孙氏之儒、有乐正氏之儒。”

由于孔门弟子对孔子的学说各有不同的见解——这在《论语》中就已经有所反映，如子张和子游就曾抨击过子夏的学说，所以孔子死后儒家出现分裂也就成了一种必然。

“子张之儒”是以孔子弟子子张为代表的儒家学派。子张勤学好问，为人宽厚，在孔子死后自成一派。郭沫若认为，子张的学说更接近于墨家。史书记载，墨子曾求学于儒家，很可能受到过子张门人的教诲。

“子思之儒”是以子思为代表的儒家学派。子思，名伋，是孔子之子孔鲤的儿子。他师从曾子，后来自成一派。《史记·孟子荀卿列传》上说，孟子“受业子思之门人”，《荀子·非十二子》也说：“子思唱之，孟轲和之，世俗之儒受而传之。”由此可见，曾子、子思、孟子的学说是一脉相承的。

“颜氏之儒”是以孔子弟子颜渊为代表的儒家学派。颜渊虽早于孔子而死，但以其在后世的影响力来看，他在生前应该也曾收徒讲学，所以这一学派其实是他的门人所创立的。颜渊安贫乐道，以德行著称，所以该学派可能也十分注重道德修养。

“孟氏之儒”一说为孟子创立的儒家学派，但孟子实为子思的传人，所以孟氏可能另有其人。

“漆雕氏之儒”是以孔子弟子漆雕开为代表的儒家学派。孔子门人中有多位漆雕氏，而以漆雕开最为有名。东汉王充在《论衡·本性》中指出，该学派的人性论是“有善有恶”。

“仲良氏之儒”源流已不可考。

“孙氏之儒”是以荀子为代表的儒家学派。荀子名况，尊称荀卿，汉朝人为避宣帝刘询讳改为“孙卿”，所以孙氏即荀氏。这一学派在战国末期影响力巨大，法家韩非就出自荀子门下。

“乐正氏之儒”是以曾子弟子乐正子春为代表的儒家学派，具体情况亦不可考。

此外，子夏的西河之学也很有影响，但没有被韩非列入孔子后学。郭沫若认为，“韩非把子夏氏之儒当成法家，也就是自己承祧着的祖宗”。

其中，孟子和荀子从不同的角度对儒家学说进行了发展。其中孟子把礼归于仁之下，提出仁、义、礼、智的道德观。荀子则认为人要通过礼来约束才能获得优良的品德，此后随着皇权的不断加强，强调“贵贱有序”的礼学说被统治者所采纳。孔子开创的儒家思想经孟子而发扬光大，孟子也因此被视为儒家学说的嫡派传人，他的学说和思想长期影响着整个中国社会的发展和中华民族精神的塑造。而荀子的弟子韩非、李斯则成为法家的代表人物，为中国两千多年“外儒内法”政治模式的规划和发展埋下了伏笔。

孟子（约前372—前289），名轲，战国中期邹国（今山东邹城）人，相传是鲁国贵族孟氏的后裔。由于有关孟子的典故中大多只见其母，不见其父，所以多数人认为孟子早年丧父。孟子从小立志学儒习礼，受业于孔子嫡孙子思的门人。大约30岁到40岁之间，孟子开始在邹鲁一带收徒讲学，先后受教于他的学生有几百人。

在孟子生活的时代，小国设法保全自己，大国试图扩张势力，最盛行的学派是墨家、法家、兵家和纵横家，消极避世的道家也有很大的影响力。面对诸侯之间的非正义战争，大约40多岁时，孟子怀着救民于水火的美好愿望，肩负平治天下"当今之世，舍我其谁"的历史责任感和使命感，带领众弟子周游列国，推行自己的"仁政"学说。他曾游历于魏、齐、宋、滕、鲁等国，但是他也和孔子一样，政治理想始终未能实现。

齐威王时，在临淄城西创办了举世闻名的学术机构"稷下学宫"，一时间汇集了上千名士，成为当时政治咨询、学术交流的中心和诸子百家争鸣的重要场所。孟子在此时来到齐国，却并不得志，于是离开。齐宣王继位后，孟子再次前往齐国，希望能够在这里实现他的理想。宣王聘他为客卿，"受上大夫之禄，不论职而论国事"（《盐铁论·论儒》）。在稷下学宫，孟子吸收各家所长，突破了孔子的思想局限，全面、系统地阐明了君仁臣义、尊贤使能、以民为本、统一天下等理论。这既是孟子从事政治活动的一个重要阶段，也是其思想发展成熟的一个重要标志。

在继承孔子思想的基础上，孟子对儒家学说做了进一步的发展，其思想主要有以下几个方面：

性善

众所周知，《三字经》的第一句是“人之初，性本善”，这句话说的就是孟子的“性善论”。孔子曾对人性做过分析，提出“性相近”，认为人性最初是同一的，但又认为人的品性是有差别的，前后似乎存在矛盾，孔子本人对此又没有做出系统解释。孟子针对这一问题进行了阐述：“人之性善也，犹水之就下也。”（《孟子 · 告子上》）也就是说，人性善，就像水往低处流一样，是很自然的事情，并不是受外力影响所致。孟子认为人与动物虽然都具有“食色”本性，但不会“紾兄之臂而夺之食”，更不会“逾东家墙而搂其处子”（《孟子 · 告子下》），这是因为人具有“良知良能”。所谓“良知良能”，在孟子看来，就是人与生俱来的天赋本能，如仁、义、礼、智、信、孝、悌、忠、勇等伦理道德观念，这也是“性善论”的重要组成部分。《孟子·尽心上》中说：“人之所不学而能者，其良能也；所不虑而知者，其良知也。”大意是说，人不用学习就可做到的就叫“良能”，人不用思考就能知道的就叫“良知”。这样，孟子就解释了孔子人性相近与品性差异相矛盾的问题。人具有动物性，也具有社会性，在这一点上，所有人都是一样的。但是，有的人能够很好的用自己的社会性抑制动物性，这种人就是道德高尚的君子。

四端

孟子认为，人生来就具有“四端”，即“恻隐之心”、“羞恶之心”、“辞让之心”和“是非之心”，分别代表仁、义、礼、智，不具备四端，“非人也”（《孟子·告子上》）。例如，当一个小婴儿将坠入井中时，看到的人都会毫不犹豫地把他救起，而不会出于什么利益考虑，这些人既不是孩子的父母，也不是亲友，救人完全是一种下意识的本能。这种下意识来自哪里呢？来自人与生俱来的“恻隐之心”。孟子认为，四端犹如四肢一样重要，是人类基本美德的原动力。

此外，孟子还认为，四端“非由外铄我也，我固有之也”，良善之心不是外界教化的结果，而是每个人的天性，这与孔子强调以德教化的主张并不矛盾。在春秋战国礼崩乐坏的时代背景下，人们大多丢失了善的本性，但可以通过教化、修养和反省找回来。“学问之道无他，求其放心而已矣”，孟子认为学习的最终目的就是找回失去的良心。

孟子发展了孔子仁的学说，在他看来，仁的地位居于义、礼、智之上，后三者都体现了仁的精神。所以，“恻隐之心”是中心，于是，孟子又给仁加了一层新的含义，那就是“人心也”，即“不忍人之心”，强调仁是人的本性。孔子学说是建立在血缘宗法基础之上的，仁和礼都是为宗法服务的。孟子继承了这种思想，他认为，“仁之实，事亲是也”，仁的实质是侍奉双亲，也就是孝。孟子主张以孝为出发点，推己及人，做到“以其所爱及其所不爱”（《孟子·尽心下》），由爱自己所爱的人发展到爱自己所不爱的人，“老吾老以及人之老，幼吾幼以及人之幼”（《孟子·梁惠王上》），由尊敬自己家的老人发展到尊敬别人家的老人，由爱护自己家的孩子发展到爱护别人家的孩子，最终实现“仁者无不爱”。这是对孔子“仁者爱人”思想的全面阐释。

孟子将孔子的仁和礼学说都融合到自己的“仁”学说中，使仁具有礼的内涵，成为至高无上的道德和政治行为准则，必要时应该“杀身成仁”、“舍生取义”。孟子认为，虽然人们应该对所有人怀有仁爱之心，但这些爱不应该是完全相同的，对父亲的爱体现为孝，对孩子的爱体现为慈，对君主的爱体现为忠，对人民的爱体现为怜，如果混淆了这些不同含义的爱，就会犯错误。孟子的等级观念显然比孔子更强。

仁政

孟子认为，如果君主具备了“不忍人之心”或“恻隐之心”，就可以施行“仁政”了。孟子的“仁政”主要指“制民之产”，给老百姓一定的固定资产，也就是土地，然后“省刑罚，薄税敛，深耕易耨”，减轻刑罚和赋税，让老百姓能够把全部精力放在农业生产上，从而使人民“乐岁终身饱，凶年免于死亡”，丰年能够吃饱，荒年也不至于饿死。孟子说：“五亩之宅，树之以桑，五十者可以衣帛矣。鸡、豚、狗、彘之畜，无失其时，七十者可以食肉矣。百亩之田，勿夺其时，数口之家可以无饥矣。”（《孟子·梁惠王上》）这种仁政思想的本质其实是一种富民政策，但其最终目的并不只是为人们提供一种充裕的物质生活，而是在此基础上对人民施以道德教化。《孟子·滕文公上》说："人之有道也，饱食、暖衣、逸居而无教，则近于禽兽。圣人有忧之，使契为司徒教以人伦，父子有亲，君臣有义，夫妇有别，长幼有序，朋友有信。"孟子认为，人如果不受教化，即使吃饱饭、穿新衣、住舒适的房屋也与禽兽没什么两样。孔子也主张"富而教之"。《史记·货殖列传》中引用《管子》中的名言说："仓廪实而知礼节，衣食足而知荣辱。"这与孔、孟先富民而后教化的思想是一致的。

此外，孟子的仁政思想还包括"尊贤使能"、"民贵君轻"等。

王道

与"仁政"相呼应的，就是"王道"。《尚书·洪范》说："无偏无党，王道荡荡；无党无偏，王道平平；无反无侧，王道正直。"《礼记·乐记》说："礼、乐、刑、政，四达而不悖，则王道备矣。"与"王道"相对的一个概念是"霸道"，即称霸之道，春秋战国时期，各国之间互相争斗、兼并的战争非常频繁，因而霸道兴盛一时。孟子提倡仁政和王道，自然就反对霸道。孟子认为，霸道就是假借仁义之名而“率兽食人”。王道强调民本，霸道强调强权；王道强调爱他人，霸道强调谋私利；王道强调“以德服人”，霸道强调“以力服人”。孟子的“王道”也指“先王之道”，强调“法先王”，遵守祖宗礼法。

其仁政主张曾受到宣王的鼓励和赞赏，但宣王欲以武力称霸诸侯，这样就与宣扬王道的儒家思想产生了分歧。孟子无奈，只好离开齐国返归故里。

回到邹国时，孟子年事已高，从此他不再出游，而是在家乡兴办学校，广收门徒，与万章、公孙丑等弟子答疑解难，并有《孟子》一书传世。全书共7篇，作为重要的儒家经典，书中记录了孟子一生的主要言论和活动，丰富多彩，博大精深，是他给后人留下的宝贵精神财富，并对后世文学产生了重大影响。尽管《汉书·艺文志》仅把《孟子》置于诸子之列，但实际上在汉代人的心目中，早已把它视为辅助经书的传书了。汉文帝时，《论语》《孟子》《孝经》《尔雅》各置博士，名为“传记博士”。到五代后蜀时，后主孟昶命人将十一经刻石，其中就包括了《孟子》，这可能是《孟子》最早被列入经书的行列。

公元前289年冬至，孟子去世。经历代学者的推崇，孟子逐步确立了儒学嫡系传人的地位，被尊称为“亚圣”，即仅次于孔子之意。

战国末期儒家学派最重要的代表人物是荀子，他是一位与时俱进、颇有个性的思想家。荀子生活的时代，兼并战争已到白热化阶段，天下统一的大势已无法逆转。作为进步的思想家，他的思想必然会与有些保守的传统儒家有所不同，比如他反对孟子的“性善论”，并主张巩固王权，否认圣人决定的历史走向，这也让他被其他的儒家流派视为异类，他的很多学说也为后人所诟病。

荀子（约前313—前238），名况，战国时期赵国人，时人尊称“荀卿”。据《史记·孟子荀卿列传》记载，荀子曾游学于齐，入稷下学宫任祭酒之职，是当时学术界的领袖人物。后来楚国公子春申君曾聘荀子任兰陵令。春申君被杀后，荀子被免职，而后继续居住在兰陵。在这期间，他曾去过秦国，并认为秦国的治理已经达到极致。此后他又到过赵国，在赵孝成王面前与临武君议兵。最后，荀子客死于楚国，其思想凝聚在《荀子》一书之中。

由于韩非、李斯都出自荀子门下，而两人都是法家代表人物，并且齐国稷下学宫以黄老之学为官学，荀子又担任祭酒一职，所以历朝历代都有学者怀疑荀子是否属于儒家，荀子也因此在历史上受到许多学者的猛烈抨击。尽管荀子的思想从某种程度来看确实带有黄老和法家的色彩，但从根本上来说，他还是应该属于儒家，而他也自认为是儒家。

为学修身

之所以说荀子是儒家，是因为他与孔、孟一样注重为学、修身。荀子对于“学”的重要性，及其内容、方法，都有深刻的论述。《荀子》一书以《劝学》开篇，第一句话就是“学不可以已”，告诉人们学无止境。荀子认为，人生下来是没有多大差别的，但为什么现实中又会有尧、舜与桀、纣之分，君子与小人之别呢？这主要是由于每个人所受的教育不同，所接触的环境不同，所结交的师友不同，以及自身努力的程度不同造成的。为学不仅要学书上的知识，还要学做人的道理。《礼记·学记》中说：“玉不琢，不成器；人不学，不知道。”《三字经》也有这句话，说的是为学的目的。荀子说：“君子之学也，以美其身；小人之学也，以为禽犊。”君子之学要求做到“入乎耳，著乎心，布乎四体，形乎动静；

端而言，蠕而动，一可以为法则”（《荀子·劝学》）。即把学到的东西，落实到自己的言行中去，使自己的一言一行都合乎规矩，成为人们学习的榜样。而“小人之学”，则是“入乎耳，出乎口”。即只是把学到的东西，当成自己的财富，当成家里养的禽畜，以此向人炫耀，或与人交易。孔子说：“古之学者为己，今之学者为人。”（《论语·宪问》）“为己”就是克己修身，“为人”就是向人卖弄。所以荀子讲的“君子之学”，就是孔子说的“为己”之学；“小人之学”，就是“为人”之学。

关于为学的内容，荀子说：“其数则始乎诵经，终乎读《礼》。”所谓“经”，即前文所说的“六经”中除《易》以外的其他经书。荀子具体解释说：“《礼》之敬文也，《乐》之中和也，《诗》《书》之博也，《春秋》之微也，在天地之间者毕矣。”荀子尤其重视“礼”的学习，他说：“故学至乎《礼》而止矣。夫是之谓道德之极。”（《荀子·劝学》）

关于为学的方法，最重要的事情就是选择老师。荀子说：“礼者，所以正身也；师者，所以正礼也。无礼，何以正身？无师，吾安知礼之为是也？”（《荀子·修身》）有了好老师，还要特别注意环境的影响，要懂得择邻交友，善于借助外在条件，营造良好的学习氛围。荀子说："蓬生麻中，不扶而直；白沙在涅，与之俱黑。兰槐之根是为芷，其渐之滫，君子不近，庶人不服。其质非不美也，所渐者然也。故君子居必择乡，游必就士，所以防邪僻而近中正也。"（《荀子·劝学》）

除此以外，荀子还阐述了很多学习的方法论，比如专心致志，"是故无冥冥之志者，无昭昭之明；无惛惛之事者，无赫赫之功"；比如积少成多，"故不积跬步，无以致千里；不积小流，无以成江海"，"积土成山，风雨兴焉；积水成渊，蛟龙生焉；积善成德，而神明自得，圣心备焉"（《荀子·劝学》）。荀子还主张学习知识适可而止："凡以知，人之性也；可以知，物之理也。以可知人之性，求可以知物之理，而无所疑止之，则没世穷年不能遍也。其所以贯理焉虽亿万，已不足以浃万物之变，与愚者若。"（《荀子·解蔽》）这是说，知识是无穷无尽的，所以一定要有所止。若不能应变，即使学富五车，还是与愚人无异。庄子说："吾生也有涯，而知也无涯。以有涯随无涯，殆已！"（《庄子·养生主》）二者观点看似相近，实则一进一退，荀子要求人们学了知识一定要实践："不闻不若闻之，闻之不若见之，见之不若知之，知之不若行之。学至于行而止矣。”（《荀子·儒效》）不仅要实践，还要自我反省：“见善，修然必以自存也；见不善，愀然必以自省也；善在身，介然必以自好也；不善在身，菑然必以自恶也。”（《荀子·修身》）

礼法并用

如果我们将孔子的核心思想归结为“仁”，孟子的核心思想归结为“义”，那么荀子的核心思想就可以归结为“礼”，但这又不完全等同于孔子的“礼”。他非常重视“礼”在教化民众的过程中所起的作用，但是这种礼学说已经与孔子大不一样了，而是有所发展，并更适合时代的需要。如荀子说：“人无礼则不生，事无礼则不成，国家无礼则不宁。”（《荀子·修身》）在他看来，礼主要有两个方面的作用，一是“分物以养体”也就是通过节制人的欲望来避免争斗；二是“别”，也就是通过划分社会等级名分来规定其必须遵守的行为准则。战国时期，战争规模比春秋时期更甚，各国都通过变法来加强国家的实力或君主的权力，法家思想在战国中后期受到欢迎，荀子虽然是儒家代表人物，但在思想上也不可避免地受到了法家的影响。因此，荀子把法和礼相结合，把礼上升到了法律的高度："礼者，法之大分，类之纲纪也。"（《荀子·劝学》）由此可见，在荀子的思想中，法是以礼教为核心的，法的大义就是礼，但这里所说的法其实是君王的意志，属于人治范畴，不是真正的法制，作为荀子的学生，韩非继承和发展了这种思想，并且对董仲舒的"春秋决狱"产生了重大影响。

人性好利

先秦时期，很多思想家都认为人性是自私的，而人是生来好利的。在儒家，孔子从未系统阐述过人性问题，所以他也从没说过人性是善还是恶，只说过"性相近"；孟子在此基础上发展出了"性善论"，但这种论调在当时并不为人认可，告子就曾与他展开激烈的辩论。荀子彻底否定了孟子的"性善论"，并针锋相对地提出了"性恶论"。《荀子·性恶》说："今人之性，生而有好利焉，顺是，故争夺生而辞让亡焉；生而有疾恶焉，顺是，故残贼生而忠信亡焉；生而有耳目之欲，有好声色焉，顺是，故淫乱生而礼义文理亡焉。然则从人之性，顺人之情，必出于争夺，合于犯分乱理而归于暴。"荀子认为，好利、好声色以及其他恶习是人与生俱来的，如果顺从人的本性，任其发展，那么结果就是社会道德沦丧，一切文明和美德都将化为乌有。

化性起伪

既然人性恶，那么就要通过教化来改造人性，荀子把这个过程称作“化性起伪”，因为美德是通过后天学习和磨练得到的，不是人的真性，所以称为“伪”。“化性起伪”要靠学习“礼”来实现。因此，圣人之所以成为人们效法的对象，是由于“圣人化性而起伪，伪起而生礼义。”（《荀子·性恶》）荀子认为圣人的本性与普通人并没有什么不同，但是圣人最先完成了“化性起伪”，创造出了仁义道德，然后教化于民，然后才成为圣人的。

对于孟子坚决反对的霸道，荀子也有自己的看法，他按照道德水准把君主分为“王”“霸”“明主”“贪主”等，虽然“霸”不是最好的，但似乎也不是最差的，起码荀子不像孟子那样对“霸道”充满了抵触情绪，因此，荀子的思想还是比较符合时代发展潮流的。

两汉儒学的神学化

孔子晚年整理古代文献，编订为“六经”。在此后很长一段时间内，“六经”都是儒生学习各种知识的主要教材。秦始皇统一六国之后，为了加强思想控制，颁布了挟书律和焚书令，规定民间除医药、占卜、农业和秦朝推崇的法家著作之外，禁止收藏任何书籍，并将收缴上来的书籍焚毁。后来项羽进入咸阳，火烧秦宫，导致收藏于皇家的很多孤本文献也被销毁。这些事件导致古代典籍的大量流失，使中国传统文化遭受了极大的摧残。比如，秦灭六国后，缴获了六国史书，同时禁止民间私藏除秦国史书《秦记》以外的其他史书。六国史书不幸毁于秦末战火，《秦记》又记事简略，所以战国史的脉络甚至不如年代更早的春秋史清晰。春秋史之所以脉络清晰，正是得益于汉儒的传承。

“今文经”和“古文经”

秦始皇下令焚书之时，有些人冒死把书藏了起来，还有很多人把书整本地背下来。西汉初年，统治者重新重视发展文化事业，逐渐放宽了对人们的思想控制，大规模搜集图书，并鼓励民间献书，由政府加以保存。当时，有些在秦始皇焚书时把典籍熟记于心中的儒生还健在，如伏胜，他们就按照回忆把书写出来献给国家。大多数古代典籍都是在这次献书活动中被官府保存从而流传下来的，董仲舒所推崇的《春秋公羊传》就属于这类书籍。国家专门设立了博士，对这些经典文献进行研究。这些书是用汉朝当时通用的文字小篆和隶书写的，所以这类经典被称为“今文经”。

然而“六经”只剩其五，《乐》从此失传。汉景帝之子鲁共王为扩建宫室，拆毁了孔子故居，居然从墙壁中发现了《尚书》《论语》《孝经》等古书。后来各地又相继发现了一些在秦朝时因藏匿于民间而免于焚毁的书籍，由于都是用先秦六国文字写成的，这类经典就被称为“古文经”。

到西汉中期，由于大一统的政治局面逐渐形成，为了加强中央集权，在董仲舒的建议下，汉武帝罢黜百家，独尊儒术，设太学，立五经博士，使儒家思想成为国家的指导思想，儒家经典也超越其他各家典籍，成为读书入仕的必读书籍。

由于先秦典籍大多文字精炼，秦始皇焚书、统一文字又在不同程度造成了文化传承的断裂，导致汉朝人读这些书时，存在一定的理解障碍，这就要求有一些专门的学者对这些文献进行整理和解读，便于后世人的学习。这就产生了一门新的学问——经学，而研究这些文献的学者也被我们称为经学家。经学成为当时占据统治地位的学术，儒家思想甚至上升到了法律的高度，治国、决狱都以儒家经典为指导。

经学因“今文经”和“古文经”而分为两大派别，最初只是文字差异，后来就发展为学术观点乃至政治思想上的分歧。

今文经学与古文经学的分歧主要体现在两个方面。第一，今文经学家认为“六经”都是孔子所作，孔子借“六经”阐述自己的观点属于微言大义，所以学者应该用离章辨句的方式横向分析儒家经典。古文经学家则认为“六经”都是史书，孔子只是借“六经”来阐述自己的思想，不采用章句法解读经典，而注重训诂和考据。第二，今文经学家根据自己的理解来解读经典，认为这才符合孔子的微言大义，其政治思想比较“合时”，董仲舒的理论就是如此，但这又使得今文经学的解说有很大的随意性。古文经学家主张“复古”，力求恪守经典原意，王莽的“托古改制”就以古文经学作为思想工具。

汉初只有今文经，由于董仲舒的“天人感应”学说受到重视，使其成为正统学术。古文经被发现后，只有孔安国等少数学者进行研究，并不受朝廷重视。西汉末，著名学者刘歆在奉命校书的过程中，发现了《古文尚书》《毛诗》《左传》等古文经书的优点，并开始深入研究。由于他深受王莽的器重，才使古文经立于官学。东汉时期，贾逵、许慎、马融、郑玄等经学大师都精通古文经，并且兼采今文经学的长处，融汇古今，经学两大派别之争才告一段落。

“天人感应”

元光元年（前134），汉武帝召集天下贤能之士，亲自问策。董仲舒献上《天人三策》，提出了“罢黜百家，独尊儒术”的建议和“天人感应”的理论，深受武帝赏识。

早在西周初年，周公旦就提出了“敬天保民”的思想，认为周朝得天下是“受命于天”，商朝丢掉天下是因为失天命。所以人君应该爱护子民、“明德慎罚”，否则就会失去上天的护佑。《春秋》公羊派认为孔子作《春秋》记载了很多灾异是用心良苦的微言大义，灾异就是上天对犯有过失的人君的谴告。董仲舒从理论上进一步阐述灾异说，认为这是“天人合一”的体现。孔子很少谈论天道，但是认为“唯天为大”(《论语·泰伯》)。“天人合一”发端于孟子，董仲舒对其加以继承和发展，使儒家学说朝神秘主义方向发展。

《春秋繁露·为人者天》中说：“为生不能为人，为人者天也。人之为人本于天，天亦人之曾祖父也，此人之所以乃上类天也。人之形体，化天数而成；人之血气，化天志而仁；人之德行，化天理而义；人之好恶，化天之暖清；人之喜怒，化天之寒暑；人之受命，化天之四时。人生有喜怒哀乐之答，春秋冬夏之类也。”董仲舒认为，人是天的衍生物和附属物，人的外形、脾气、秉性和喜好都继承于上天，四季、阴晴的变化就是上天对人间的态度的反映。人是上天创造出来的，所以，人的命运决定于天，而不是自己，周朝代商而得天下，是上天受命的结果，周武王、周公旦的贤能并不起决定作用。虽然国家兴衰不由君主决定，但君主却是上天意志的传达者，天人合一就是上天与人君的合一，任何人也无权改变这种现实，但如果人君无道，上天就会降下灾异以示警告。

董仲舒的“天人感应”学说旨在强调“君权神授”，以尊天之名行尊君之实，以上天的名义赋予皇帝至高无上的权力，从理论上论证了专制主义的合理性，要求人民无条件接受。这种理论被汉武帝乃至历代的所有帝王所接受。另一方面，“天人感应”也有限制君主权力的用意，皇帝要顺从天意勤政爱民，否则上天就会降下旱涝、地震等灾异。虽然这完全是无稽之谈，但其出发点是敦促君主励精图治，行仁政，有其积极的一面。不过，由于君权至高无上，所以灾异根本不足以约束君主的行为。

“天人感应”学说认为，当君主无道时，上天就会降下灾难以示警告，若君主治国有方，上天则会降下祥瑞以示表彰。灾难就是灾变和怪异，如洪水、地震、日食、蝗虫肆虐等。由于古人无法解释这些现象，就视之为不祥之兆，预示着国家的衰乱。祥瑞也称“符瑞”，如出现七彩祥云、风调雨顺、地出甘泉、禾生双穗、珍禽异兽等。儒家学者认为，这些现象的出现是上天对君主政绩表示认可。观测和解释灾异与祥瑞，是儒家学者的重要工作。因为祥瑞象征着吉利，所以每一个皇帝即位，史书都会记载一些祥瑞出现的情况。官吏也把发现祥瑞作为自己的政绩，向皇帝汇报以获得奖赏。这样一来，就出现了许多弄虚作假的情况，甚至越是朝政风气败坏的时代，祥瑞就会越多。

谶纬之学

西汉时期，由于董仲舒的大力提倡，今文经学立于官学。今文经学派强调以章句来阐述孔子的微言大义，属于对儒家经典的横向分析。由于“经”有纵的意思，所以横就是“纬”，对经典的横向分析就是“纬学”。董仲舒提出“天人感应”学说之后，汉朝统治者非常重视祥瑞和灾异。一些经学家指出，当上天降下灾异时，就说明国家将大难临头，而当上天降下祥瑞，则预示着国泰民安，暗示这些事情即将发生的预言就叫做“谶”，谶纬之学由此诞生。

汉代谶纬是儒学宗教化的产物，谶纬比附经传，依托孔子，其实质是宗教迷信，是儒学宗教神学化的产物。到了西汉后期，社会矛盾日趋尖锐，统治者只能寄希望于上天，于是经学家就编造出了更多的谶语，这比董仲舒推论已发生过的灾异具有更大的欺骗性。王莽执政时就利用了谶纬，并使其得到了官方的认可。王莽征召通“天文、图谶、钟律、月令、兵法等天下异能之士，至者前后千数”，其中许多都是方术之士，他们大量制造图谶，并将零星的谶语汇成篇籍。当时有谶语“刘秀当为天子”（《资治通鉴 · 汉纪三十》），王莽因此怀疑国师刘歆（避汉哀帝刘欣讳改名秀），后来把他杀掉了。身在南阳的汉室宗亲刘秀起兵反对王莽，也听说了这条谶语。后来刘秀的势力发展壮大，一众谋臣武将都来劝进，又有人编造谶语说："刘秀发兵捕不道，四夷云集龙斗野，四七之际火为主。""刘秀发兵捕不道，卯金修德为天子。"（《后汉书·光武帝纪上》）所以刘秀称帝后更加推崇谶语，其子明帝也是如此。大儒贾逵痛心于今文经学的谶纬化，于是利用明帝的心理，上书说《左传》中有很多预言，与谶纬相合，请求设立博士，提高了古文经学的地位。

在贾逵、许慎、崔瑗、马融、卢植、郑玄、服虔等人的努力下，汉代经学一改附会所谓微言大义的学风，更加注重训诂和考据。学习儒家经典成为做官的重要途径，贯彻了"仕而优则学，学而优则仕"的古训，又因此形成了庞大而复杂的门生故吏关系网，产生了很多以儒学传家的豪门大族。

汉代注重家学传承，有的家族学法律，如琅琊诸葛氏；有的家族学数术，如范阳祖氏；研究儒学的则是一等门阀世家，如汝南袁氏、弘农杨氏、范阳卢氏、河内司马氏等。

魏晋以后，随着玄学的兴起，对儒家传统经学有了全新的解释，大部分谶纬书被历史所遗弃。此时的学者中，夏侯玄、何晏、王弼经学的底子十分深厚，喜欢用道家思想去解释儒家经典。南北朝时期，佛教盛行，梁武帝有较好的儒学和文学素养，又笃信佛教，当时的高僧、学者常以经学方法、道家义理解释佛经。自此以后，儒、释、道融会贯通，并逐渐形成了三教合流的局面。

融汇佛道的新儒学

两汉以后，儒、道、释三教各领风骚，两汉以儒为尊，魏晋好谈玄学。到了南北朝，佛教又盛极一时，三教开始互相交融。宋元时期，一些思想家把佛、道之学与儒家思想进行融合，将儒家伦理哲学化，开始探讨天道与人性的关系。这一时期形成的哲学化的儒家思想被称为理学，又叫道学。

理学在其发展过程中形成了很多派别，其中主要包括周敦颐的濂学、张载的关学、二程的洛学、朱熹的闽学以及陆九渊、王守仁的心学。这些理学家对世界本原做出了不同的解释，但无论唯物还是唯心，他们都否认世界是由“天”这样的人格神创造的，相对于西汉今文经学家所提出的“天不变，道亦不变”，无疑有很大进步。

在学术上，理学主要探讨世界本原、人的心性和认知等方面的问题。在探讨世界本原的问题时，各派的理学家做出了不同的解释。

理学的发端

北宋哲学家周敦颐（1017—1073）被认为是理学的开山鼻祖。周敦颐，原名敦实，字茂叔，又称濂溪先生，道州营道（今湖南道县）人。很多人在上中学时都读过一篇名叫《爱莲说》的课文，“予独爱莲之出淤泥而不染，濯清涟而不妖”这一千古名句反映了作者对高洁品格的追求和向往。《爱莲说》的作者就是周敦颐，文中可以窥见他的隐士心态。其实周敦颐生前并不怎么受人推崇，但南安通判程珦却很看重他的学术造诣，甚至把两个儿子——程颢、程颐送到他门下求学，后来二程果然学有所成，成为著名的理学家。程颐后来回忆说，他年少时就是因为听周敦颐讲道，所以厌倦了科举仕途，立志要学习探索儒家的圣王之道。受二程的影响，周敦颐的学说在南宋时期开始受到关注，由此奠定了他在中国儒家思想发展史上的地位。周敦颐十五岁时与母亲一同去开封投奔舅舅郑向。郑向当时是仁宗朝中的龙图阁大学士，他十分关照周敦颐母子两人。在周敦颐20岁时，郑向向皇帝保奏，为他谋到了一个监主簿的职位。周敦颐在任职期间尽心竭力，深得大家信服。后来他曾在许多州县任地方官吏，期间结识了不少高僧、道士，经常与他们一同游玩论道。周敦颐与司马光关系密切，对王安石变法持反对态度。在学术上，周敦颐非常喜欢研究《周易》，并将儒家思想与佛、道学说互相融合，从而增强了儒学的哲学深度。他著有《太极图说》一文，将儒家的“仁义”“诚”“欲”和“太极”“动静”“乾坤”等哲学抽象概念相联系，并用这些概念来解释儒家伦理。因周敦颐号濂溪先生，所以他的理学被称为濂学。

张载（1020—1077）被认为是宋明理学的重要奠基人之一。张载，字子厚，凤翔郿县（属今陕西眉县）横渠镇人，北宋哲学家，理学创始人之一，世称横渠先生。他原本是开封人，其父曾在宋真宗年间于四川为官。在15岁时，张载丧父，而后本打算与母亲运送父亲灵柩回开封，但因经济拮据，只能落户途中的横渠，此后就在此定居，所以后来他被人称为“横渠先生”。因横渠位于关中，所以张载的理学被称为“关学”。

宋仁宗康定元年（1040），西夏进犯边境，庆历四年（1044）宋夏议和，和议规定北宋朝廷向西夏“赐”绢、银和茶叶等大量物资。年轻气盛的张载向当时任陕西经略安抚副使，主持西北防务的范仲淹上书《边议九条》，陈述自己的见解和建议，打算组织民团去夺回被西夏侵占的洮西失地，为国家建功立业。范仲淹被这位年轻书生所打动，认为他以后必成大器，于是勉励他去读诗书，说他搞军事太可惜了，应该在学问上下功夫。张载听从了范仲淹的劝告，回家刻苦攻读《中庸》，仍感觉不满意。于是遍读佛、道之书，觉得这些书籍都不能实现自己的宏伟抱负，就又回到儒家学说上来。经过十多年的攻读，他终于悟出了儒、佛、道可以互相补充，互相联系的道理，于是逐渐建立起自己的学说体系。

仁宗嘉祐二年（1057），38 岁的张载赴开封应考，当时欧阳修为主考官。张载与苏轼、苏辙兄弟同登进士，一时被传为佳话。在候诏待命之际，张载受文彦博宰相支持，在开封相国寺设虎皮椅讲《周易》。一天晚上，张载在洛阳遇到了他的表侄程颢、程颐两兄弟，他完全没有摆长辈的架子，而是虚心请教，并发现二程兄弟对《周易》的理解很有见地，感觉自己所学还不够。他在讲学时对听讲的众人说：“二程深得《易经》之道，我不如他们，你们可以拜他们为师。”

张载不认同老子把“道”看做宇宙的本原，他认为宇宙万物源于一元的“太虚之气”，“气”才是本原，而理与气是一致的，是相依存的，没有气就没有理，没有理也没有气，理是事物的必然。在人的认知方面，张载提出了“见闻之知”和“德性之知”。

程朱理学

理学有广义、狭义之分，其中狭义的理学被称为“程朱理学”，“程”就是指程颢、程颐兄弟，他们是伊川（今河南省洛阳市伊川县）人，因为长期在洛阳讲学，所以被称为“洛学”。

程颢（1032—1085），字伯淳，后人称之为明道先生。早年中进士后，他曾在地方做过几年官吏，后来调到朝廷任职，负责监察工作。王安石变法的时候，他是著名的反对派，因得罪变法派而被赶出中央到外地做地方官。宋神宗去世以后，变法反对派重新上台执政，他也被召回朝廷，但没等到上任就病故。

程颐（1033—1107），字正叔，后人称之为伊川先生。他不像哥哥程颢那样有进士经历，所以没有担任过太高的官职，但他同样激烈地反对王安石变法。宋神宗去世之后，他被举荐到崇政殿讲学，负责教年幼的哲宗皇帝读书。哲宗亲政之后，继承了神宗的事业，变法的反对派又一次失势，程颐也被指为“奸党”。绍圣四年（1097），他被贬到四川涪州。建中靖国元年（1101），宋徽宗大赦天下，程颐恢复自由，后来回洛阳的西京国子监任职，但不久就再度被革职。

二程的仕途与反对变法紧紧地联系到一起，也导致他们一生也没有在政治领域有所作为，但二程在哲学方面却有着相当深的造诣。他们师从周敦颐，对《周易》研究很深，《周易程氏传》一文就比较全面地阐述了他们的“易学”哲理。

二程将世俗的儒家思想上升到哲学的高度，提出“天理”的概念，为宋代理学的发展奠定了基础。“仁为王道之本”和“以顺民心为本”的观点颇有先秦儒家“兴仁政”、“民为贵”的神韵。总的来说，他们兄弟二人的哲学思想，上承传统儒家，下启南宋朱熹，是理学体系中不可或缺的组成部分。

朱熹（1130—1200），字元晦，后改仲晦，号晦庵，别号紫阳，徽州婺源（今属江西）人。

朱熹的父亲名叫朱松，北宋宣和年间为福建政和县尉。宋高宗建炎四年（1130），朱熹出生。他刚出生不久，父亲就升了官，但因为反对秦桧主和的政策，遂被逐出朝廷。后来朱熹也继承了父亲反对宋金议和的政治主张。朱松罢官后回到福建建阳家中。朱熹随父亲在建阳度过了他的童年，但在他14岁时，父亲就过世了。母亲带着他搬家到崇安（今福建武夷山市）。宋高宗绍兴十八年（1148），朱熹去参加乡贡考试，并以19岁的年龄荣登进士榜。三年后他被派任泉州同安县主簿，从此开始了仕途生涯。他历仕高宗、孝宗、光宗、宁宗四朝，还曾任南康知州、提典江西刑狱公事以及秘阁修撰等职。朱熹善于思考，早年曾崇尚佛教和道教，希望能够从中领悟出世界本源的真理。30岁时，朱熹决定开始深入研究儒家思想，于是拜二程的传人李侗为师。为表示诚意，他步行几百里从崇安走到延平，使老师非常感动。李侗很欣赏这个学生，还替他取了字叫“元晦”。从此，朱熹开始确立自己的学说体系，成为继程颢、程颐之后最有影响力的理学大师。

淳熙二年（1175），朱熹与吕祖谦、陆九渊等当时著名学者在江西上饶铅山鹅湖寺聚会论道，这就是著名的“鹅湖之会”。由于陆九渊提倡“心学”，认为眼前所见的一切都源于“心”，属于主观唯心主义范畴；而二程及朱熹认为世界的本原是“理”，属于客观唯心主义范畴；所以在此次聚会之后，朱熹和陆九渊产生了巨大的分歧。晚年的朱熹建立白鹿洞书院，开坛授徒，订立《学规》，宣扬道学。庆元三年（1197），韩侂胄以拥立宋宁宗自居，独揽大权，排挤与朱熹关系密切的赵汝愚。朱熹很快受到牵连，也被革职回家。庆元六年（1200），一代大儒朱熹病逝，被后世尊为“朱子”。嘉定二年（1209），朝廷为朱熹追赐谥号“文”，这是古代人臣所能享受的最高礼遇。

朱熹在继承二程的理学思想的基础上对理学进行了进一步的完善和补充，他也因此成为宋明理学的集大成者，理学也因此被称为“程朱理学”。

二程继承和发展了孟子的仁政和王道思想，他们说：“王道之本，仁也。”这种说法基本符合先秦儒家的仁政思想，他们认为，王道是治国之道，治国则要行仁政，因此，王道与仁政是相辅相成的，并且都是天理的反映。朱熹上承二程的思想，提出了“为政以德”的政治主张。他认为，仁是一种先天具有的东西，德则源于仁，如果统治者发自内心地施行仁政，也就具备了德。另一方面，统治者以身作则，以仁德去教化万民，自己也会像北极星一样受到万民的爱戴。

我国古代哲学家大多认为“理”是事物的内在规律，如战国时的韩非所说，“理者，成物之文也”，即理是构成事物的条理；“气”则是一种微妙而无形的物质，如东汉时的王充所说，“一天一地，并生万物，万物之生，俱得一气”，即认为气是万物之本原。不过历代学者对“理”和“气”之间的关系各有不同的解释。朱熹却认为“宇宙之间，一理而已”，“自未始有物之前，以至人消物尽之后，终则复始，始复有终，又未尝有顷刻之或停也”，理是宇宙之间的唯一，从万物的产生直到消亡的过程中，理一直存在，是永恒的。朱熹还认为，“未有天地之先，毕竟也只是理”，“有是理，后生是气”，理在气之先，是第一性的，气由理生成，是理的衍生物。朱熹的儒家哲学融合了道家思想的内容，也受到佛教华严宗学说的启发，“理”与老子所说的“道”有相似之处，一切物质实体都生成于宇宙中高于一切的精神，这是一种客观唯心主义的哲学观。

在探讨人的心性的问题时，二程把心性与天理统一起来，朱熹把仁义礼智信看作是天理在人间的体现，朱熹认为，理是万物的根本，是世界的本原，人间的一切伦理道德都是理的派生物，上天之所以创造出礼教，就是用来约束人的不当行为的。因为人的基本欲望是罪恶的，“天理”与“人欲”是对立的，所以要“存天理，灭人欲”。朱熹认为，“盖三纲五常，天理民彝之大节而治道之本根也”，仁、义、礼、智、信等伦理道德是天理在人间的具体体现，是所有人都必须要遵守的，人君要施行仁政，臣民则要守忠贞孝悌之道，不能为一己私念违反天理。针对“天理”和“人欲”之间的关系，朱熹说：“人之一心，天理存，则人欲亡，人欲胜，则天理灭”，天理和人欲不能共存，只能灭亡一个，而理是万物的根本，所以理是不能灭亡的，所以只能牺牲人欲。《礼记》说，“饮食男女，人之大欲”，《孟子》说，“食色，性也”，虽然传统儒家强调克己，但从未要求抑制人的基本欲望，连朱熹所推崇的二程也没有将天理和人的基本欲望对立起来，但朱熹却将“天理”改造成了维护礼教的工具。

此外，二程和朱熹都倡导“格物致知”。格物致知最早见于《礼记·大学》，原文是："古之欲明明德于天下者。先治其国；欲治其国者，先齐其家；欲齐其家者，先修其身；欲修其身者，先正其心；欲正其心者，先诚其意；欲诚其意者，先致其知，致知在格物。"历代儒家知识分子把其中的修身、齐家、治国、平天下作为自己的人生最高追求，其中修身是为国家出力的前提，没有良好的道德修养和出类拔萃的才干就没有资格为国效力。修身之前也有一系列准备，就是格物、致知、诚意、正心，格物致知是修身最基本的要求。东汉著名经学大师郑玄在为《大学》作注时说，"格，来也"，"物，犹事也"，"致或为至"，"知，谓知善恶吉凶之所终始也"，认为格物致知就是接触和认识事物善恶吉凶的全部过程，即人的认知过程。朱熹发展了其中的含义，指出："所谓致知在格物者，言欲致吾之知，在即物而穷其理也"，又说，"格物，是物物上穷其至理"，"致知，是吾心无所不知"，"因其所已知，而推之以至于无所不知"。他认为"格物"就是通过具体事物认识其道理或规律，透过现象看本质，"致知"就是使本心的认识达到无所不知的境界。这种认识论是非常可贵的，基本上真实地反映了人类对世界的认知过程。朱熹还提出了格物致知的作用是"为人君止于仁，为人臣止于敬”的观点，即人类认识世界的目的是为了树立仁、义、礼、智、信等伦理观，继承了孔子“君使臣以礼，臣事君以忠”的思想。

陆王心学

朱熹的理学主张从产生时起就受到了各方批评，与朱熹万物源于“理”的观点正好相反，宋明理学的另外一个重要派别——“心学”的创始人陆九渊认为，世间万物源于“心”，明朝的王守仁继承了这种思想，对程朱理学继续持批判态度，认同“心即理”的命题，并最终提出了“致良知”的观点。

心学的思想来源主要有孟子的“良知良能”学说、张载的气学说、周敦颐的太极学说、邵雍的象数学说以及二程的天理学说。“心学”一词最早见于王守仁为陆九渊的文集《象山全集》所作的序言中。王守仁写道：“圣人之学心学也。”至此，“心学”作为一个学术流派的名称正式出现了，后世也经常用“心学”来称呼陆王之学。

陆九渊（1139—1193），字子静，号象山，抚州金溪（今属江西）人，南宋时期著名哲学家、教育家，与朱熹生活在同一时代，二人并称“朱陆”。

陆九渊自幼好学，勤于思考。小时候，他曾向父亲问“天地有没有穷尽”这样的问题，父亲没有认真回答这个问题，他却为这个问题费尽思索直至废寝忘食。后来他读书认真刻苦，孜孜不倦，又善于在书中发现问题，甚至对《论语》这样的儒家经典的某些章节也表示怀疑。他读二程的著作，发现书中所说的话与孔孟精神很不相符，甚至有的地方还有相互矛盾之处。这为他以后提出新的学说创造了有利条件。

陆九渊13岁时，有一天对自己幼儿时期思考的问题忽有所悟。这天，他从古书中读到“宇宙”二字，见解者说：“四方上下曰宇，往古来今曰宙”，于是忽然省悟道，原来“无穷”就是这个意思啊，人与天地万物都处在“无穷”之中。于是他提笔写道：“宇宙内事乃己分内事，己分内事乃宇宙内事。”大意是说，宇宙之内的事就是自己的分内之事，自己的分内之事也是宇宙之内的事，就是说他从“宇宙”二字，悟出了人生的道理。从此，陆九渊立志要做儒家的圣人。而他认为，做圣人的道理不用到别处去探索，其实就在自己的心中。他说：“宇宙便是吾心，吾心即是宇宙。东海有圣人出焉，此心同也，此理同也。西海有圣人出焉，此心同也，此理同也。千百世之上至千百世之下，有圣人出焉，此心此理，亦莫不同也。”世界在每个人的心中成为了陆九渊哲学体系的核心内容。

对于朱熹提出的万物的本源为“天理”的学说，陆九渊并不认同，这促使陆九渊将自己的学说从宋代儒学的主流理学中分离出来，并初步形成了“心学”体系。对宇宙无穷无尽与对圣人之心广大的顿悟使陆九渊进入了一种新的人生境界，他认为上天之所以创造了他，就是为了让他探求宇宙的本源和人世间的道理，所以自己必须要尽心尽力地完成上天赋予的使命。这种理解与孟子的“天将降大任于斯人”如出一辙。

南宋光宗绍熙元年（1190），50 岁的陆九渊被任命为荆湖北路荆门知军。次年九月，陆九渊千里迢迢地从江西赶到荆门上任。当时，金兵南侵压境，荆门地处南宋边防前线。陆九渊积极加强荆门防务，并大刀阔斧地对当地税收制度和官僚体制进行改革。陆九渊清正廉明，秉公执法。他还经常在蒙山筑亭讲学，听者常常多达数百人。

1193 年初，陆九渊在荆门病逝，棺殓时，官员百姓痛哭祭奠，极度悲伤，满街满巷布满了吊唁的人群，送葬者多达数千人。为纪念陆九渊，后人将陆九渊讲学之地荆门蒙山改称象山，并为其建立祠堂。陆九渊所创立的心学对中国明清思想产生了重要的影响，后来东传至朝鲜、日本，在当地也很受重视，日本德川幕府末年的思想家佐久间象山以“象山”为名就体现了他对陆九渊的敬仰。

陆九渊与朱熹同时代，两人都是当时很有名气的学者，但是陆九渊把“心”作为世界的本体，不认同朱熹的天理观，认为天理也存在于心中：“人皆有是心，心皆具是理，心即理。”同时，他认为宇宙产生于主观世界，只有主观观念才是真实的：“四方上下曰宇，往古来今曰宙。宇宙便是吾心，吾心即是宇宙。”

王守仁（1472—1529），字伯安，浙江余姚人，明代著名的哲学家、教育家、政治家，因被贬贵州时筑室命名为阳明洞，并创办阳明书院，所以世称阳明先生。他是我国历史上继朱熹之后的另一位大儒，是“心学”理论的最终确立者。

王阳明的父亲王华是明宪宗成化年间的状元，曾官至南京兵部尚书。所以，在这种条件下，王阳明从小就受到了良好的家庭教育，他年少时就有成为圣人和经略四方的伟大志向。

弘治十二年（1499），王阳明考取进士，第二年，他被授予刑部云南清吏司主事的职务，后改任兵部主事。弘治十八年（1505），王阳明一心致力于授徒讲学，以倡导明朝儒家圣学为己任。正德元年（1506），宦官刘瑾专权，王阳明备受排挤，被贬到贵州担任龙场驿的驿丞。正德五年（1510），王阳明又被提升为江西吉安府庐陵县的知县。正德七年（1512），他又从吏部考功清吏司郎中的职务升任南京太仆寺少卿。正德十一年（1516），他升任为都察院左佥都御史，兼南赣巡抚。这一期间，漳州詹师富、横水谢志珊、大庾陈日龙、大帽山卢珂、桶冈蓝天凤、浰头池仲容等匪徒相继挑起暴乱，都被王阳明一一平定。

正德十四年（1519）6月，王阳明率部镇压福建地方叛乱，并于丰城途中获悉明朝宗室宁王朱宸濠起兵造反，立即返回吉安起义兵平叛，水陆并进直捣南昌，接连攻下九江、南康，仅仅花了35天的时间，就将朱宸濠俘获。但立下巨大的战功却并未使王阳明的仕途向更好的方向发展。当年9月，他到杭州献俘，却因宦官许泰、张忠进谗言，非但无功不说，反而横遭诬获咎，多亏另一宦官张永设法相救，这才使他得以免祸。之后，他称病而到西湖净慈寺以及九华山等地诸寺院居住。

正德十六年，王阳明在南昌第一次正式提出“致良知”的学说，并最终完成“心学”理论体系。同年9月他回到故乡余姚，召集74名弟子到龙泉山中山阁，讲授“致良知”学说。12月时，他又被朝廷授予光禄大夫、柱国、新建伯等荣誉爵位。此后，王阳明再也没有出来做官，而是专门从事讲学。嘉靖四年（1525）九月，他继续中天阁讲学，门人达到300余人。嘉靖七年，王阳明去世，享年56岁，谥号“文成”，有《王文成公全书》传世，又名《王阳明全集》。

陆九渊提出的“心即理”、“宇宙即是吾心，吾心即是宇宙”等观点，在王阳明身上得到了继承和发展，王阳明也因此成为心学的集大成者。王阳明认为，学术不应该有“心”与“理”之分，他说：“世儒之支离，外索于刑名器数之末，以求明其所谓物理者，而不知吾心即物理，初无假于外也。”“世儒”指朱熹等理学家，王阳明批评他们人为地把儒学割裂成众多派别，各自追求儒家大义的一个侧面，以期探求理的真谛，殊不知心就是理。在此基础上，王阳明主张知行合一，这也是对朱熹等人割裂“心”、“理”的批判。朱熹认为知在先，行在后，这符合《中庸》学、问、思、辨、行的顺序。而王阳明认为“知先行后”是朱熹对先贤行知观的曲解，他举例说，闻一种气味属于知，评判对气味的好恶属于行，人讨厌臭味是因为闻到之后马上就会感到恶心，所以没闻的时候也知道臭味难闻，而不是先闻到臭味，再另立一种观念去讨厌臭味。

同时，王阳明还提出“心外无物”这一学说：“夫物理不外吾心，外吾心而求物理，无物理矣。遗物理而求吾心，吾心又何物耶？”意思是说，事物的道理就在心中，在心外探求理是不会有结果的，忽视理的存在而探求本心也是不正确的，因为理就在心中，心是万物的主宰。这就是说，人的意识是第一性的，所以王阳明说：“我的灵明便是天地鬼神的主宰。”

王阳明所说的“心”指的是宇宙间最高的本体和个人的道德意识。这种解释比陆九渊的个人本心论意义更广泛，也更为完整。王阳明的心外无物，是说心与物二者同体，不相分离，“离却灵明的心，便没有天地鬼神万物；离却天地鬼神万物，也没有灵明的心”。心是天地万物的主宰，但心无体，所以要以天地万物感应之是非为体。没有被心察觉的事物处于虚寂的状态，与不存在没有区别。深山中的花朵在没有被人看见时，与心同归于寂静，这与禅宗六祖惠能的“仁者心动”如出一辙。

心学与佛教禅宗有很多相似之处，都十分讲究“心性”。因此，有人将王阳明的观点与理论称之为禅学的分流。王阳明有句话说：“破山中贼易，破心中贼难。”也就是说，摧毁有形的东西很容易，但摧毁深藏人心中的无形东西就难了。所以，如果要改变人的思想方式，就必需触及灵魂深处。禅宗是佛教的重要流派，讲究顿悟，不著文字，强调“明心见性，即是福田”。

“致良知”是王阳明晚年时对朱熹“格物致知”学说进行批判地接受后得出的认知理论，是对心学所做的系统概括。“格物致知”源于《大学》，是指人的最基本修养。王阳明认为《大学》的主旨就是格物致知。修身是指为善去恶，所以要先正心。心的本体是正的，因为人性本善，但意念却有正邪之分，所以正心之前要先诚意。格物致知就是为诚意服务的，归根结底是为修齐治平服务的。虽然良知是与生俱来的，善与恶谁都能分清，但偏偏有人昧着良心做坏事，王阳明认为这是良知被遮蔽所致，所以必须通过教化来实现“致良知”。致良知能“去私欲，复本体”，找回失去的本心，最终实现万物一体的圣人之治。格物、致知、诚意、正心、修身、齐家、治国、平天下，根本目的是“明明德”，王阳明认为“明德”就是天理，也就是良知，“格物致知”就是为了“致良知”。

“良知”源于孟子的“良知良能”学说，《孟子·尽心上》：“孟子曰：人之所不学而能者，其良能也；所不虑而知者，其良知也。孩提之童，无不知爱其亲者；及其长也，无不知敬其兄也。亲亲，仁也；敬长，义也。无他，达之天下也。”孟子认为人有四端，相当于仁、义、礼、智，这些认知是人与生俱来的，并非通过后天学习所得，所以属于“良知”。王阳明认为人生来具有良知，良知的被蒙蔽是后天所致，后天的罪恶来自物欲对本心的侵蚀（这与程朱理学的观点是一致的）。对此，王阳明提出了修养方法：“居敬存养”、“省察克治”和“事上磨炼”。“居敬存养”就是“存养此心之天理”，与“存天理”的含义差不多；“省察克治”就是“克己”、“灭人欲”，从而“破心中贼”；“事上磨炼”是指德行需要在实践中磨练，反对空谈。追求名利会使人失去本心，而修养的目的就是为了找回失去的本心，这与孟子“学问之道无他，求其放心而已矣”的观点是一致的。

王阳明认为，良知是人类社会一切价值观的源头，是心的本体，当然也就是世界的本原，等同于天理，所以“心外无物”，“心外无理”。良知是人与生俱来的，经常处于“未发之中”的状态，积聚着巨大的力量，一发便可创造出事物的规矩和义理。他所说的“良知”既是道德意识，也是最高本体。王阳明认为，每个人都有良知，这是一种不假外力的内在力量。“致良知”就是将良知推广、扩展到万事万物身上，“致良知”就是知行合一的过程。

王阳明的“致良知”学说与禅宗的基本精神具有内在一致性，二者不但在教化方式上相通，而且在教化流变形式上也有相似的地方。但是，“致良知”理论是为礼教服务的，它的目的是对在当时已成为正统的程朱理学进行批判，不过客观上也对明清之际一批进步思想家批判君主专制和礼教束缚起到了启蒙的作用。

2. 三教之道家

道家起源于远古时代的隐士传统，春秋战国时期，正是中国进入了群雄角逐、纵横捭阖的混战时期，很多诸侯国在战争中被灭亡了，那些养尊处优的贵族家庭一下子落泊为平民，为避战乱，不得已避到山林，这在《论语》或其他文献中都可以看到。在他们中间产生了最早的道家思想，早期的道家提出了三个概念，第一贵生，第二重己，第三清虚。贵生就是我生命最重要，重己就是我自己最重要，国家社稷都不重要。《道德经》第五十章："出生入死，生之徒，十有三；死之徒，十有三；人之生，动之于死地，亦十有三。夫何故？以其生生之厚。盖闻善摄生者，陆行不遇兕虎，入军不被甲兵。兕无所投其角，虎无所措其爪，兵无所容其刃。夫何故？以其无死地。"《列子 · 杨朱》记载，禽子问杨朱曰："去子体之一毛，以济一世，汝为之乎？"杨子曰："世固非一毛之所济。"禽子曰："假济，为之乎？"杨子弗应。《孟子 · 尽心上》有"杨子取为我，拔一毛而利天下，不为也。"成语"一毛不拔"，就是从这里来的。在杨朱他们看来，自己最重要，生命最重要，因此只要自己的生活简单、清净就可以了。清虚出自《文子·自然》："老子曰：'清虚者天之明也，无为者治之常也。"在《汉书·艺文志》中，班固对此进行了解释："清虚以自守，卑弱以自持。"班固认为，道家是先让人拥有强大的内心世界，然后才能够有正确的处事的态度和方法，拿清和虚作为智慧产生的前提，叫"清虚以自守"，拿卑和弱作为持身之道，处事之方，清为天下正，旁观者清；虚才能容，谦虚使人进步。

庄子同时继承了老子和杨朱的思想，《庄子·逍遥游》中，尧要把天下让给许由，但许由却不肯接受。许由认为尧把天下治理得很好，要把天下让给他，好像是他特别喜欢治理天下一样。因此庄子说："名，实之宾也。吾将为宾乎？"乱世中的庄子作为一介平民，生活困顿，但庄子却不为名利所动，《史记·老庄申韩列传》记载说，楚王曾以高官厚禄吸引庄子，意图把国家大事托付给他，但庄子毫不犹豫地拒绝了，说"不被国事所羁，以快吾志"，他认为做官戕害人的自然本性，不如在贫贱生活中自得其乐，正是对现实的一种深刻的觉醒。

道家的创立者善于旁观世事，思考宇宙的真相，用精微玄妙、出尘脱俗的语言来描述天道、人事、哲理。他们很清楚自己要什么，他们对物质的需求很低。在他们看来，这是获得安定和幸福的条件。道家所讨论的问题从某种意义上来说是反对儒家的，他们不赞成儒家的治国方略，例如儒家提出要用“礼乐”来教化社会，而道家却认为治理国家不应该用礼乐，而应该道法自然，建立一个类似于“鸡犬之声相闻，老死不相往来”的很原始、很朴素的社会，让民众返璞归真。相对于儒家昂扬进取的人生态度，敢为天下先的作为，道家更崇尚“慈、俭，不敢为天下先”。

在历史上，道家学说并非显学，但它却以其深厚的底蕴在我国思想文化领域影响深远。孔子时代，儒家对道家有诸多批评。但当老子、庄子先后对道家学派的思想纲领进行总摄、整理之后，道家思想对儒家、法家也产生了深刻的影响，如战国时期儒家对《易经》进行解释的《易传》、法家代表作《韩非子》中的《解老》篇，都是在其理论影响下进行的阐述与生发。汉初黄老之学、魏晋玄学、佛教禅宗、宋明理学，都不同程度地从道家学说中汲取了丰富的营养，理学甚至有“道学”的别名。此后，道、儒两家相互补充，逐渐成为中国文化思想史上的两座丰碑，也是中国知识分子安身立命的根本。世道清明，儒家的知识分子就出来为官，实现自己的人生理想和远大抱负；世道黑暗，知识分子就信奉道家，避世独立，与天地自然为伴，逍遥自在，活在自我的内心世界中。

道家思想的源流

道家学派起源于春秋战国时代，并深受南方楚文化影响。《汉书·艺文志》："道家者流，盖出于史官，历记成败存亡祸福古今之道，然后知秉要执本，清虚以自守，卑弱以自持，此君人南面之术也。合于尧之克攘，易之嗛嗛，一谦而四益，此其所长也。及放者为之，则欲绝去礼学，兼弃仁义，曰独任清虚可以为治。"

道家思想的核心是"道"，道家学者认为"道"是世界的本原，也是主宰世界上一切运动的法则。老子在《道德经》中开宗明义地说："道可道，非常道。"他首先阐明了"道"是一种"玄之又玄"的东西，因此不容易被普通人所理解。他又说："有物混成，先天地生。寂兮寥兮，独立而不改，可以为天地母。吾不知其名，强字之曰道。"老子认为，"道"是先于宇宙而生成的，周而复始地运行，从不停歇，无声无形，深邃幽远。在老子看来，“道”是“万物之奥”，也是“众妙之门”，就像我们所说的自然规律，做任何事情都只能遵循它，而不能违背它。在老子的哲学思想中，道既是万物的起源，也是判断是非曲直的最高标准，它不但可以区分自然万物的良莠，而且还可以评判人类社会的善恶。

庄子是战国时期的道家学派代表人物，他继承了老子以“道”为万物之本的宇宙论。如果说“仁义”二字被视为儒家思想的标志，那么“道德”一词就是道家思想的精华。庄子的“道”是天道，它生于天地万物之间，而又无所不包，无所不在，表现在一切事物之中，万物是由“道”衍生出来的。“道”又是自然无为的，庄子主张顺从天道，而摒弃“人为”，顺从“天道”，从而与天地相通的，就是庄子所提倡的“德”，而“人为”的一切则是与自然相背离的。就好比治理国家，庄子认为，天地人世都有一个自然的秩序。顺应着这个自然的秩序，天地人世就和谐；违背这个自然的秩序，天地人世就混乱。君王所要做的就是无为而治，维护天地人世的原本秩序，顺应自然规律，天下自然大治，即所谓“帝王无为天下功”。在他看来，之所以出现无道的乱世，正是由于为王、做官者意图按照自己的主观意念改造它，使它失去了自然的本性，失去了往日的和谐，造成了物与物相克、人与人相残的混乱局面。继承了老子以“道”为万物之本的宇宙论。如果说“仁义”二字被视为儒家思想的标志，“道德”一词却是道家思想的精华。庄子的“道”是天道，它生于天地万物之间，而又无所不包，无所不在，表现在一切事物之中，万物是由“道”衍生出来的。“道”又是自然无为的，庄子主张顺从天道，而摒弃“人为”，顺从“天道”，从而与天地相通的，就是庄子所提倡的“德”，而“人为”的一切则是与自然相背离的。

司马迁的父亲司马谈曾在《论六家要旨》一文中，将先秦诸子之学概括为道、儒、墨、名、法、阴阳六家，并阐述了六家的主要思想。在谈到道家时，司马谈说：“道家使人精神专一，动合无形，赡足万物。其为术也，因阴阳之大顺，采儒墨之善，撮名法之要，与时迁移，应物变化，立俗施事，无所不宜，指约而易采，事少而功多。……其术以虚无为本，以因循为用。无成执，无常形，故能究万物之情。不为物先，不为物后，故能为万物主。”这基本反映了先秦道家思想的实质。

西汉初年，统治者以道家思想治国，实行休养生息政策。文帝、景帝时，政治清明，经济稳定发展，史称“文景之治”。后来，董仲舒提出“罢黜百家，独尊儒术”的主张，并被武帝采纳，道家从此成为非主流思想，开始了与其他思想文化的交融与整合，而且继续在我国古代思想的发展过程中扮演重要角色。魏晋玄学、宋明理学都含有道家思想的成分。佛教传入后，为适应中国本土文化，也从道家汲取了营养。

此外，“道”这一哲学概念也对中国整个传统文化的发展产生了深远的影响，除了道家学派其他代表人物之外，韩非、王弼、张载、朱熹等人在建立自己的学说时也都得到了“道”学说的帮助。如《周易·系辞上》说：“形而上者谓之道，形而下者谓之器。”道家哲学认为“道”是一种无形的精神本体，即“形而上”，“德”或“器”等由“道”派生出的实体物质属于“形而下”。朱熹在融合儒、道理论来阐述“理”的时候说：“理也者，形而上之道也，生物之本也。气也者，形而下之器也，生物之具也。”在这里，朱熹用“道”来诠释“理”，进而分析“理”和“气”之间的关系，认为“理”就是生成万物的“道”，是第一性的，“气”由“理”生成，是第二性的。这种解释借用了老子“天下万物生于有，有生于无”的观点，属于客观唯心主义哲学范畴，还有一些思想家从唯物主义的角度指出“形而上”和“形而下”就是组成世间万物的阴阳二气，对后世影响也很大。

老子和《道德经》

老子是道家学派创始人。据《史记·老子韩非列传》记载，他大约与孔子生活在同一时代，姓李名耳，又名老聃，楚国苦县（今河南周口鹿邑县）人，曾任周王室的守藏史。相传孔子曾到洛阳向老子问礼，被老子教导了一番。孔子离开之后，对众弟子说：“老子就像腾云驾雾而深不可测的龙啊！”除《史记》外，《庄子》《韩非子》《吕氏春秋》《礼记》《韩诗外传》《孔子家语》等文献中也提到了孔子求学于老子的记载。

关于老子其人，《史记》语焉不详，除了李耳（老聃），又列出两种可能：一是春秋时的楚人老莱子，一是战国时的周太史儋。

据说老子晚年乘青牛西去，并在出函谷关之前留下了五千言的文章。魏晋人伪托刘向而作的《列仙传》将老子列为神仙，老子的文章也被道教徒尊奉为经典，取名《道德经》。道教尊老子为教主，称“太上老君”，唐朝皇帝更是自称老子的后裔，并追尊其为“太上玄元皇帝”。

《道德经》又称《老子》，全书分为上下两篇，原文上篇《德经》、下篇《道经》，不分章，后改为《道经》在前，《德经》在后，分为八十一章。这部书是道家思想的重要来源，同时也是中国历史上首部完整的哲学著作。

《道德经》一书中包含了大量的朴素辩证法思想，如“反者道之动”，“祸兮福之所倚，福兮祸之所伏”等。老子认为，在一定条件下，事物的两个方面可以相互转化。老子还认为，“有无相生”，并且“天下万物生于有，有生于无”。老子强调“居下”，认为柔弱是“道”的本质，“天之道，损有余而补不足”。

道法自然

对于世界的起源问题，老子也作了智慧的推测和描述，他的学说，对于后世产生了极其深远的影响。在《道德经》里，老子以“道”来阐释宇宙万物的演变过程，提出“道生一，一生二，二生三，三生万物”的说法，认为人们做事必须符合“道”的精神，“道”是老子哲学思想的核心概念，被视为宇宙的本原和普遍规律，所以“人法地，地法天，天法道，道法自然”。“道”既是客观自然规律，又是“独立不改，周行而不殆”的永恒精神。在老子以前，人们对生成万物的根源只推论到天，而老子则开始思索天的根源，并提出了“道”的概念。他说：“有物混成，先天地生，寂兮寥兮，独立不改，周行而不殆，可以为天下母，吾不知其名，强字之曰道，强为之名曰大，大曰逝，逝曰远，远曰反。”老子领悟出宇宙间存在着一种恍惚飘渺的东西，这就是万物的本原，他不知道这种东西的名称，所以勉强称之为“道”。道是无所不在的，是永恒的。老子提出的道既有精神本体的一面，又有物质实体的一面，但总的来说，老子哲学属于客观唯心主义。

老子认为“道”生成天地万物的过程是“道生一,一生二,二生三,三生万物”，但同时又指出“天下万物生于有，有生于无”，进而分析“有”和“无”的关系。“道”虽然无所不在，但又是不易被感知的，万物生长都依赖于它，却又很难察觉到它的存在。因此，老子认为道很难用形象的文字去描述，只能用心领会。老子阐述道时说“其中有精”，战国时期，齐国稷下道家学派发展了这一观点，并用《管子》中的“精也者，气之精者也。气道乃生”来解释“道”，将“道”表述为无所不在而又富有生机的精气。这种观点对后来中国传统医学的发展影响很大。

“有”和“无”这对中国古代哲学概念由老子最早提出。他认为，“无，名天地之始，有，名万物之母”，“天下万物生于有，有生于无”，反映了宇宙从无到有的发展过程，因此，“无”比“有”更根本，从而产生了“贵无”的思想。而在论述“有”和“无”的关系时，《道德经》第二章中说：“天下皆知美之为美，斯恶矣；皆知善之为善，斯不善矣。故有无相生，难易相成，长短相形，高下相盈，音声相和，前后相随，恒也。”正因为有了美的概念，丑（恶）的概念也就产生了；正因为有了善的概念，不善的概念也就产生了。因此，有“有”就有“无”，这是永恒的道理。这里的有无就是存在和不存在的意思。庄子把“无”理解为虚无，指出“万物出于无有”，把“无”看为万物的本原，所以道也是虚无的。魏晋时期，“有”和“无”的关系问题成为哲学争论的热点，产生了多种不同的论调。著名玄学家王弼提出“以无为本”，主张“崇本息末”，这种“贵无”的观点基本符合老子思想的本意。郭象提出独化论，反对“无中生有”，也反对“有中生有”，认为万物都是自然生成的，这种看法是从老子“自化”学说的角度出发得出的。东晋的僧肇强调有无统一，对后世产生了一定影响。宋元明清以来，张载、王夫之等人从朴素唯物主义观点出发，以气的聚散阐述万物生灭的道理，反对老庄的“有生于无”之说。

老子在论述“有”和“无”的关系时饱含辩证思想，是我国古代哲学思想的精华。雄与雌、高与低、盈与亏、刚强与柔弱，这些人们较容易理解的对立面都是老子阐述有无关系的论点。老子说：“天之道，损有余而补不足。”天道就像水往低洼处流淌一样，山谷正是因为低洼，才能接纳更多的水，因此自然的规律就是削减多余的部分以补充不足的部分。老子的政治思想是无为，但目的是实现无不为，所以“贵无”的目的就是实现“有”，“知其雄，守其雌”，“柔弱胜刚强”也是同样的道理。

此外，老子还最早提出了“无极”这个概念，出自《道德经》第二十八章：“为天下式，常德不忒，复归于无极。”以老子的哲学观点来看，无极就是道，比太极更加原始，是宇宙的原初状态和道的终极性概念。“无极”的概念反映了老子返朴归真、崇尚自然的思想境界。《庄子·逍遥游》中也提到了“无极”，“吾惊怖其言犹河汉而无极也”，这里的无极意为没有极限，《荀子·修身》“将以穷无穷、逐无极与”一句中的无极也是这个意思。

老子的另外一个主张是“道法自然”，强调人与自然的和谐统一，这句话出自《道德经》第二十五章“人法地，地法天，天法道，道法自然”。照字面意思理解，“道法自然”就是道效法自然，或遵循自然规律，因此，人效法地、地效法天、天效法道都属于遵循自然规律。老子以后的道家也继承了这一思想，庄子追求绝对自由，慎到主张立法遵循自然规律，道教徒经常选择在崇山峻岭中修炼也是秉承“道法自然”和“返朴归真”的宗旨。

魏晋玄学家王弼在对“人法地，地法天，天法道，道法自然”这句话作注时写道：“法，谓法则也。人不违地，乃得全安，法地也。地不违天，乃得全载，法天也。天不违道，乃得全覆，法道也。道不违自然，乃得其性，法自然也。法自然者，在方而法方，在圆而法圆，于自然无所违也。自然者，无称之言，穷极之辞也。”就是说道以自然为法则，就像水一样，盛在方形的容器里就呈现出方形，盛在圆形的容器里就呈现出圆形。所以人们做事也要顺其自然。道生成了天地万物，却不去主宰它们，因此万物才得以自由地生长，这也是“无为”思想的依据。

无为不争

“无为”既是一种政治思想，也是一种修身养性的方法，在《道德经》中，“无为”一词共出现了12次。老子认为天地万物都由道所生成，而且其运动变化也遵循道的精神。既然“人法地，地法天，天法道，道法自然”，那么人们处理事情就应该顺其自然，清静无为，让事物按照自身的必然性自由发展，使其符合道，不能肆意干涉，一切的“有为”都违反了自然规律。只有无为，万物才能正常健康地发展。所以在老子看来，为人处事，修身养性，都应以清静自然为根本，避免肆意妄为、轻举妄动。老子说：“是以圣人处无为之事，行不言之教。……上德无为，而无以为；下德有为，而有以为。……为学日益，为道日损，损之又损，以至于无为。无为而无不为。”总之，根据道家的观点，在自然无为的状态下，事物就能按照自身的规律顺利发展，统治者若持守大道，万物、万民就会“自宾”和“自化”。

当然，老子的“无为”并不是无所作为，什么都不做，“无为”反对争强好胜、穷兵黩武和严刑酷法，反对一切违背道的行为。而对于符合道的事情，就必须“有为”。由于在无为而治的过程中，人民因为受到的干涉很少，所以难免产生贪欲和邪念，老子则主张继续以无为协调这种矛盾。这一思想也得到了儒家的肯定，《论语·卫灵公》记载孔子的话说：“无为而治者，其舜也与？”尧舜等圣人的治国方略深受儒家推崇，孔子将其总结为“无为而治”。

“无为”思想具体包括“不尚贤”、“绝圣弃智”、“绝仁弃义”、“不贵难得之货”等等，然而这些做法并不能解决社会问题，反而会使社会倒退，这属于是老子思想中较为消极的一面。但无为强调人与自然的和谐统一，主张遵循自然规律办事，有利于事物的自然发展和成长，这在今天是具有积极的现实意义的。

《道德经》出现次数仅次于“无为”的就是“不争”，不争通常表现为柔弱，老子多次强调“柔弱胜刚强”，认为“居弱”和“处下”是人生最高的处世哲学。老子从自然界中观察到以柔克刚的道理，道家也常以柔弱不争作为思想规范来修持自己，有道之人能够“为天下式”、“为天下谷”、“为天下溪”，甘愿做世界的法则、峡谷和溪流，通过低调的处世方式赢得世人的赞同，这种处世原则对后世影响巨大。

不争这个词，从字面上来看似乎毫无进取精神，但在道家思想中却并不仅仅是字面的意思，其精神实质是深邃隽永的。柔弱不争包含着生命存在和延续的精神实质，蕴藏着积极的人生哲理。《道德经》说：“天之道，利而不害。圣人之道，为而不争。”也就是说天地万物的生长和人们的行为都应顺应自然而不能强求，与清静无为相辅相成。此外，《道德经》多次通过对“水”的本性的论说，阐述“不争”的深刻思想内涵。《道德经》中说：“上善若水，水善利万物而不争。”水以其特有的柔弱不争的性格，哪里低洼就流到哪里，本身的形状可以随容器的形状而变化，滋养万物生长，却从不自恃、自是、自矜。

老子的“不争”主要通过以下两个方面来实现：一是“不尚贤”，因为崇尚贤者就会引起他人的嫉妒之心，从而产生争斗，不尚贤就会遏止社会纷争；二是“不贵难得之货”，人们产生争斗、掠夺和偷盗的行为是因为受到了贵重物品的诱惑，法令滋彰也是重要原因之一，如果不看重所谓的贵重物品，争斗现象就会大大收敛。其实，“尚贤”和“贵难得之货”并不是引发社会纷争的根源，物品的价值也不完全是人为决定的，因此，“不尚贤”、“不贵难得之货”也不可能从根本上解决争斗的问题。

老子提出“不争”的思想有其特定的历史原因。春秋时期，诸侯争霸战争频繁，人民生活困苦，旧有的贵族政治体系也面临崩溃，因此老子希望以“不争”来恢复社会的安定秩序，这与孔子提出“克己复礼”的原因极其相似。对于大国热衷于争霸战争的问题，老子提出“慎征伐”的主张，认为“兵者，不祥之器”，“大军之后，必有凶年”。而在当时，战争又是解决政治问题不可缺少的因素，所以老子并非反对一切战争，只是不提倡轻易开战。老子认为战争应该“不得已而用之”，即使胜利了也不能洋洋得意，要以对待葬礼的方式对待战争。

“不争”体现了中华传统文化“和为贵”的思想，虽然也有一定的消极成分，但在现阶段，对构建人与人之间的和谐关系仍有很大帮助。

抱朴归真

道家认为，人的本性是纯朴和纯真的，最接近于“道”

的本质。人们常说儿童天真无邪，但是随着年龄的增长，思虑欲念也不断萌生，再加上受到社会环境中的不良影响，人们逐渐失去了原有的纯朴天性，从此背道而驰。老子主张无论是自我修养还是治理国家，最终的目的都是要返回到纯朴天真的自然原初状态。《道德经》说："见素抱朴，少私寡欲。"就是说为人处世要抱持大道，谨守本真，使之不为物欲所诱惑，不为私心杂念所困扰。遵循大道，使人的本性和天地万物"复归于婴儿"、"复归于无极"、"复归于朴"，从而实现反朴归真。

至于老子理想中的社会状态，可以用"小国寡民"四个字来概括。这个词语出自《道德经》第八十章："小国寡民，使民有什伯之器而不用，使民重死而不远徙。虽有舟舆，无所乘之；虽有甲兵，无所陈之，使民复结绳而用之。甘其食，美其服，安其居，乐其俗。邻国相望，鸡犬之声相闻，民至老死不相往来。"国家规模小，人口数量少，摒弃一切文明的产物，人们不必远行，也没有争斗，甚至连文字也不需要。人们各得其所，安居乐业，却从来不相往来。这就是老子的政治理想，遵循大道的法则，使世界返朴归真，最终呈现在人们面前的就是这种状态。《庄子 · 马蹄》也有类似的叙述："故至德之世，其行填填，其视颠颠。当是时也，山无蹊隧，泽无舟梁；万物群生，连属其乡；禽兽成群，草木遂长。是故禽兽可系羁而游，鸟鹊之巢可攀援而窥。夫至德之世，同与禽兽居，族与万物并，恶乎知君子小人哉！同乎无知，其德不离；同乎无欲，是谓素朴。"庄子所说的"至德"就是"道"，"至德之世"与"小国寡民"的状态十分相似，人与野兽朝夕相处，和谐共生，无欲无求，山间没有道路，河泽没有舟桥，一切都处在最纯朴的原初状态之中。因此，"小国寡民"虽然是由老子最先提出的，但它却是道家共同追求的政治理想。

老子认为，社会的混乱和人们的争斗，源于人们对欲望的过度追求、统治者法令的严苛繁冗、民众被文化知识扰乱了心智以及社会对虚伪的仁义道德的推崇。老子指出："大道废，有仁义；智慧出，有大伪；六亲不和，有孝子；国家混乱，有忠臣。"这种看法不能说没有道理，一定程度上反映了社会的现实问题，对打着仁义道德旗号的罪恶行径进行了深刻的批评和揭露。然而如此看问题也过于片面，因为废止仁义、智慧无益于解决社会矛盾。

在这个基础上，老子提出了自己的历史发展观。他认为社会发展分为5个阶段，即“道”“德”“仁”“义”“礼”。人类社会的最初发展阶段最符合“道”，一切顺其自然，是完全的清静无为状态。以后的社会各阶段分别由德、仁、义、礼来主宰，且每一个阶段都较前一个阶段更远地背离“道”的法则，美的东西越来越少，丑的东西越来越多，因而距离“小国寡民”的政治理想也就越来越远。

老子向往的社会，正是原始状态下的社会，这种幻想在一定程度上反映了在春秋时期战争频繁，社会动荡，统治者残酷不仁，以及人民迫切要求安静修养和减轻剥削的愿望。从这个角度来看，老子的“小国寡民”与孔子所追求的回到周朝初年“克己复礼”的初衷是一致的，只是二人分别提出了不同的政治主张。

老子的学说对我国哲学发展具深刻影响，《道德经》短短的五千言蕴含着深邃的大智慧。他的哲学思想和由他所创立的道家学派，不但对我国古代思想文化的发展作出了重要贡献，而且越来越多地受到了海外文化界的关注，老子也成为我国继孔子之后的又一个世界文化名人。而《道德经》中提出的“无为而治”的主张，则成了中国历史上一些朝代的治国方略，其主张在经济上可以缓解人民的压力，对早期中国的稳定起到过不小的作用。历史上《道德经》注者颇多，甚至有几位皇帝都为其作过注。唐贞观二十一年（647），《道德经》被译为梵文，传入东天竺；唐开元二十二年（734），唐玄宗亲注《老子》。日本使者请《老子经》及老子“天尊像”归国，对日本社会发展产生了较大的影响。

正如孔子被拿来与古希腊时代的苏格拉底、柏拉图对照，因为双方的政治观与教育观有相似之处；墨子被拿来与耶稣对照，因为他们一个讲“兼爱”，一个讲“博爱”；韩非子被拿来与马基雅维利对照，因为可以看看他们是如何讨论统治手段；名家的惠施和古希腊的芝诺，他们的学说都与逻辑思考有关；而老子的思想，则可以与西方的形而上学进行对比和讨论。例如，在谈到关于宇宙的问题时，我们可以把老子与普罗提诺进行对照，老子认为“道生一，一生二，二生三，三生万物。万物负阴而抱阳，冲气以为和”，而新柏拉图主义的代表普罗提诺则提出了“流衍论”。普罗提诺认为：宇宙最早是一个“太一”，这个“太一”永远存在，它是一个整体，而它在流衍的过程中，大概分为了四个层次，一是知性，二是世界灵魂，三是个人灵魂，四是包括人的身体在内的有形可见的世界万物。仔细思考，二者的观点其实有很多相似之处。

在历史上，《道德经》曾经被誉为“万经之王”，这部神奇的宝典对中国古老的哲学、政治、科学、宗教等都有着深远的意义，对中华民族的民族性格的铸成和政治的统一稳定都起着不可估量的作用。如今，它的世界意义也日渐显著，越来越多的西方学者也不遗余力地探究其中的奥秘，以寻求人类文明的源头，追寻古代智慧的底蕴。

战国时期的道家

战国时期，道家继续发展，这一时期的代表人物有杨朱、列子、庄子等，其中对后世影响最大的是庄子。

杨朱

杨朱，生活年代大约在墨子与孟子之间，战国时期魏国大梁（今河南开封）人，字子居，他没有著作传世，其思想散见于《列子》《庄子》《孟子》《韩非子》《吕氏春秋》等书。孟子曾说过：“杨朱、墨翟之言盈天下。”可见，在战国中期，杨朱学说的影响力已经非常大了，可以与墨家这样的显学相媲美。《列子》中有一篇题为《杨朱》，一般认为，它反映了杨朱的哲学思想，但是很多学者怀疑《列子》这部书的真实性，而且《杨朱》一篇中的记载大都与其他先秦的可信的资料所记载的杨朱思想不相符，因此并不可信。杨朱最著名的思想就是“一毛不拔”的利己主义。孟子说：“杨子取为我，拔一毛而利天下，不为也。”但杨朱尽管提倡利己，却不损人，这一点与庄子的遁世哲学很相似。

列子

列子，名御寇，战国时期郑国莆田（进河南郑州）人，他的生活年代早于庄子。列子的学说主要来自黄老之学，主张清静无为。《庄子》中专门有《列御寇》一篇，且其他篇目中也多次提到了列子。传说列子贵虚尚玄，道术高深，能够乘风而行，《庄子·逍遥游》中就描述了列子乘风而行的情景：“夫列子御风而行，泠然善也，旬有五日而后返。”列子御风飞行的逍遥境界正是庄子所追求的。

列子一生致力于钻研道家学说，并长期隐居，不求名利，清静修道，主张循名责实，无为而治。他先后著书20篇，10余万字，共成《列子》一书，但大多散佚，今天仅存

8篇，不过也有很多人认为现在看到的这部书是伪书。《列子》与《庄子》都以讲寓言见长，“愚公移山”“夸父追日”“杞人忧天”等故事妙趣横生、意味深长、发人深思。据说列子因为家贫而面有饥色，却拒绝郑国权臣子阳馈赠的粮食，他的弟子严讳问：“所有闻道者为富乎？”列子回答说：“桀纣唯轻道而重利，是以亡！”就是说重利轻道必定招致祸患。后来郑国发生内乱，子阳被杀，其同党也大都被株连致死，列子因为没有接受当年的馈赠才得以安然无恙。列子还主张应摆脱人世间贵贱、名利的羁绊，顺应大道，淡泊名利，清静修道。他心胸豁达，贫富不移，荣辱不惊，庄子对他非常推崇。唐朝天宝元年（742），玄宗皇帝封列子为冲虚真人，他《列子》一书也被称为《冲虚真经》。

庄子

庄子，名周，战国时期宋国蒙（今安徽省蒙城县）人，我国古代著名的思想家、哲学家、文学家，是道家学派重要代表人物之一。庄子继承了杨朱、老子的哲学思想，但又有所发展，后世将他与老子并称为“老庄”，所以道家哲学也被称为“老庄哲学”。

与老子一样，庄子哲学也饱含辩证思想，但又强调“物无贵贱”、“无是无非”、“方生方死”，淡化事物之间的差别，有鲜明的相对主义色彩。与老子不同的是，庄子认为世界的本原在心中，属于主观唯心主义思想，对后来的佛教禅宗以及陆王心学产生了较大的影响。庄子也强调“无为”，主张消极遁世，所以显得有些颓废，他反对一切社会制度，摈弃一切文化知识。而在看待社会问题时，庄子的批判精神要比老子更强烈，他认为“窃钩者诛，窃国者侯”，最高统治者才是最大的盗贼。

庄子的代表作是《庄子》,《汉书 · 艺文志》收录的《庄子》目录共52篇，但今天只见33篇，分“内篇”、“外篇”、“杂篇”三个部分，其中内篇的7篇，一般认为是庄子本人所作。“外篇”15篇一般认为是庄子的弟子们所作，但反映的是庄子真实的思想。内篇最集中表现庄子哲学思想观点的是《齐物论》《逍遥游》《大宗师》等，在这些文章中，庄子将老子的辩证思想发展为极端的相对主义，认为万物齐一，物无贵贱，甚至无是无非，不承认事物内部的客观普遍性，强调忽略一切、忘却自我才能实现真正的自由。

例如，在对“道”的解释上，庄子继承了老子的“道法自然”的学说，庄子认为道是世界的终极根源，是无所不覆、无所不载、自生自化、永恒存在并且至高无上的宇宙本体。并明确地阐述了道的本质作用：“道”是宇宙的本体，产生万物的根源，道是超时间、空间的绝对，“先天地生而不为久，长于上古而不为老”，道无所不在，无所不能，可以主宰一切。庄周之道，实际上是指主观意识之外不受任何力量支配的宇宙精神。他认为“道不当名”，“道昭而不道”，就是说不需要对宇宙的这个本原作出明确解释，因为所有的解释都只是一家之言，即使称之为道，也是老子的一种假设。一般认为，庄子所说的道，是独立存在、超越时空的绝对精神，是一种非物质性的造物主。

庄子不仅认为“道”可生万物，并对宇宙形成做出了解释。如《天运》篇中，庄子举出了天地运行、日月其争、天气阴晴等自然现象，提出了大量的运行问题，最后把“物”的产生归于道，把“物”说成了一种精神的东西。庄周还认为“物”是可以分化的，分化就是生成，生成就是毁灭。他把“物有分”和“齐生死”化为一体，说明了他的观点的一致性。

无是无非也是庄子相对主义哲学所体现出的一个方面。

书中从“无”的论点出发，进而又否认大小、是非、贵贱、有用无用之间的区别。所以世间也就没有对错之分，没有客观标准判断是非。庄子认为，在两个人因观点不同而发生争辩时，不能说一方是对的，另一方是错的，因为每个人的是非标准不一样，即使找第三者来评判也不能做到完全公正。“即使我与若辩之矣，若胜我，我不若胜，若果是也？我果非也邪？我胜若，若不吾胜，我果是也？而若果非也邪？其或是也，其或非也邪？其俱是也，其俱非也邪？”辩论中获胜的一方也未必是对的，失败的一方未必是错的，说两者都对或都错也不合理。这是典型的相对论观点，庄子的是非观也从相对主义转入虚无主义，从上述观点可见，《庄子》中的“道”可以生万物，万物最终化为乌有。从不可体察的道产生了世间不可认识的万物，最后达到“无待”，才达到了绝对的“无”。

庄子发展了老子的辩证思想，《庄子》一书中的辩证法思想极为深刻，这也是庄子哲学思想的精华之一。如庄子认为事物的变化在于自身运动，《天道》篇：“天道运而无所积，故万物成；帝道运而无所积，故天下归；圣道运而无所积，故海内服。”指出天道和王道的运动是时刻不停的，而运动的动力就在自身。

同时，为了阐述自己的观点，庄子经常用寓言、生动的比喻、鲜明的对比来衬托“道”的伟大。如“逍遥游”，可以看作庄子理想中的生活状态，即悠然自得、自由自在、不受任何拘束。他奇特的想象力充满了浪漫色彩，而“逍遥游”也可以看做是庄子哲学思想的一个重要方面。庄子追求精神世界的绝对自由，在他的眼里，客观世界中的每一种事物，包括人类本身都是对立而又相互依存的，因此就没有绝对的自由，要想无所依凭就得一切顺其自然，超脱于现实，忽略人在社会生活中的一切作用，推崇无用之用，把人类的生活与万物的生存混为一体，追求绝对的精神自由。

庄子一生努力追求人生的高层次和大境界，追求精神上的逍遥自在。蝉、斑鸠、朝菌、蟪蛄由于认识浅陋，所以永远也无法体会到鲲、鹏、冥灵、大椿树所拥有的快乐，蝉和斑鸠嘲笑可以飞翔至九万里高空的大鹏，正如老子所说的“下士闻道，大笑之，不笑不足以为道”。庄子认为，人的生命是短暂的，是受到各种条件的局限，因此把生命放入无限的时间、空间去体验，努力达到一种不需要依赖外力而能成就的一种逍遥自在境界，正所谓“乘天地之正，而御六气之辩，以游无穷。”

庄子认为，要想真正达到自由自在的境界，必须“忘我”“无己”“无功”“无名”。惠子提及的大葫芦和臭椿树正因为看似无用，才可以获得真正的自由，这属于“无用之用”，人们产生痛苦正是因为过于在乎自己，所以“忘我”是摆脱各种束缚和痛苦的唯一途径，只要真正做到忘掉自己、忘掉一切，就能达到逍遥的境界。庄周梦蝶的故事在某种意义上说正是达到了这种境界。“昔者庄周梦为胡蝶，栩栩然胡蝶也，自喻适志与，不知周也。俄然觉，则蘧蘧然周也。不知周之梦为胡蝶与？胡蝶之梦为周与？周与胡蝶，必有分类。此谓之物化。”当庄周在“梦”的状态下成为蝴蝶的时候，像蝴蝶一样适畅地飞翔、活动，而不知道自己的身体是庄周。当他惊觉的时候，则分明知道自己是庄周而不是蝴蝶。梦与觉都是真实的，那么到底是蝴蝶做梦变成了庄周，还是庄周做梦变成了蝴蝶？这种在梦境中灵魂离开肉身与神秘世界无碍地交往，正是人内心世界和自我意识的觉醒。

庄子对人体生命现象有自己独特的解释。据《庄子 · 至乐》记载，庄子的妻子死了，他鼓盆而歌，反映了庄子通达的生死观：人来于大气，归于大气，顺其自然，为啥要哭？庄子认为，生与死如影随形，一体两面，所以“方生方死，方死方生”，只有了解生死才能安时处事。因此，人的生死不过是伴随着气的变化而游移，气聚成形，气散则死。人生人死就像是春夏秋冬四季交替一样，循环往复，无有穷尽，都是大自然循环往复过程的展现。所以不必为生而喜，为死而悲。

在《庄子》一书中，庄子还表现出了强烈的社会批判精神，《庄子·胠箧》上说：“彼窃钩者诛，窃国者为诸侯。诸侯之门，而仁义存焉。则是非窃仁义、圣知邪？”意思是说，盗窃带钩这样小物件的人会被杀掉，而盗窃了整个国家的人却成为了诸侯，诸侯的家里充塞着仁义道德，所以诸侯在窃国的同时也偷走了仁义道德。战国时期，整个社会发生了剧烈的变化，春秋时期就已经开始解体的宗法等级制度，在战国时期进一步走向崩溃。周敬王三十九年（前481），田成子杀齐简公，改立齐平公，从此田氏操控齐国政权。周威烈王二十三年（前403），周王室正式册封韩、赵、魏为诸侯，承认其对晋国的瓜分。周安王十六年（前386），田和放逐齐康公，自立为齐国国君，周王室正式册封他为诸侯，承认田氏代齐。这些事件的发生时间距离庄子生活的时代非常接近，因此庄子才会发出这样的感慨。在庄子眼中，田氏和韩、赵、魏都是窃国的大盗。他说：“故田成子有乎盗贼之名，而身处尧、舜之安，小国不敢非，大国不敢诛，世世有齐国。”

与老子一样，庄子看到人民在连年的战火和统治者的残暴统治下生活十分艰难，而统治者却以所谓仁义来粉饰自己的罪行，因此他们都提出了“绝圣弃智”的主张，认为所谓的圣人事实上不足以为圣。庄子在寓言中借盗跖之口说：“世之所高，莫若黄帝，黄帝尚不能全德，而战涿鹿之野，流血百里。尧不慈，舜不孝，禹偏枯，汤放其主，武王伐纣，文王拘羑里。此六子者，世之所高也，孰论之。皆以利惑其真而强反其情性，其行乃甚可羞也。”庄子认为，黄帝、尧、舜、禹、汤、文、武等世人公认的圣人都做过违背他们所宣扬的道德的事情，所以不配做圣人。

庄子认为，儒家和墨家所倡导的仁爱、礼义，只能被统治者所利用，成为统治人民、愚弄人民的工具。现实社会中的虚伪、欺诈、盗窃、争斗，都是由所谓的仁义和圣智产生，老子所说的“大道废，有仁义；智慧出，有大伪；六亲不和，有孝子；国家混乱，有忠臣”，也是这个意思。《庄子·盗跖》中所说的“小盗者拘，大盗者为诸侯”也是这个意思。

《庄子》的文章想象力丰富，文采飞扬，具有浓厚的浪漫主义色彩，经常以寓言来阐述自己的观点，文字极富幽默讽刺意味，对后世文学影响巨大，有人甚至将庄子的寓言归入“小说”类文学。阮籍、陶渊明、李白、苏轼、辛弃疾、曹雪芹等人在思想、文学风格、文章体制、写作技巧上也深受《庄子》影响。

东汉末年，道教建立，之后道教不断吸收道家学说，老庄哲学也随之成为道教的核心思想，庄子更是像老子一样被尊为道教神仙。唐朝天宝元年（724），唐玄宗封庄子为“南华真人”，《庄子》一书从此被称为《南华经》。宋朝时，宋徽宗时又封庄子为“微妙元通真君”。

黄老学派

老子创立道家学派以后，道家思想主要出现了两个分支：一派以杨朱、庄周为代表，关注的是自我、自由与本真，追求内在精神的实质；另一派以田骈、慎到、尹文为代表，也称稷下学派，他们将老子的无为思想与管仲的法治思想予以贯通，形成了一套较为完整的治国理论。在稷下学宫的各学派中，黄老学派最受齐威王的重视和推崇，这个学派以道家无为而治的思想为基础，融合了早期法家的某些观点，奉黄帝和老子为始祖，所以被称为“黄老学派”。齐威王时期的邹忌变法，从某种意义上说，就是在这一学派的思想指导下进行的。

田骈

田骈，一名陈骈，齐国临淄（今山东淄博东北）人。战国时的思想家，道家学派代表人物。当时的田齐政权以重礼尚贤闻名于天下，并成立了稷下学宫，招揽各国人才，稷下学宫也因此成为当时的学术交流中心。

田骈曾受聘于齐国稷下学宫，是稷下先生之一，以善辩著称，所以有“天口骈”之称。在学术上，田骈认为万物是齐一的，是没有差别的。在他看来，处理事情最好的方法就是顺其自然，也就是说“变化应求而皆有章，因性任物而莫不宜当”。治国也要顺其自然，通过无为而实现无不为。田骈说："好得恶予，国虽不大为王，祸灾日至。"他反对争强好胜，继承了老子的"知其雄，守其雌"的治国和处事原则，认为做到"不争"就能趋利避害。田骈与当时稷下学派的另一个代表人物慎到的思想很相近，他们都推崇法治，强调加强君主的权力，因此反对"尚贤"，轻视贤者在法治中的作用。田骈的万物齐一论近似于庄子的相对主义思想，没有客观真理作标准，没有固定的原则，把一切事物都看成是相对的，要么就服从君主的意志，要么就服从社会上的习俗，整天空谈法律条文，却不探究法治的根本目的是什么。田骈还强调"势"的作用，认为只要位高权重，以威势统驭好臣民，就能实现社会安定。这些观点脱离了具体历史实际，在实践中很难发挥作用。

《汉书·艺文志》中收录了《田子》25篇，但均已失传，田骈的思想只能散见于《庄子》《荀子》等著作。

慎到

黄老学派的另一位早期代表人物是慎到。

慎到，战国时期赵国人，道家学派代表人物，其思想对法家影响较大。齐宣王时，慎到长期在稷下学宫讲学，在当时极富盛名，曾被齐王封为大夫，受到极高的礼遇。

慎到主张“势治”，“势”主要指权势、威势。慎到认为，君主必须重视权势，只有牢牢地掌握了“势”，才能做到令行禁止。在慎到看来，法和势是相辅相成的，势是前提，法是手段。他在《慎子·君人》中说：“大君任法而弗躬，则事断于法矣。”就是说君主实行法治就要将权势牢牢掌握在手中，否则法治只会断送自己的事业。他说：“飞龙乘云，腾蛇游雾。云罢雾霁，而龙蛇与螾蚁岂同矣，则失其所乘也。”《韩非子·难势》中曾经引用这段话，大概意思是：龙蛇之所以腾空飞天，主要凭借云雾的威势，一旦云雾消失，龙蛇就与地上的蚯蚓蚂蚁毫无二致了，关键正在于它们失去了赖以飞腾的势。慎到进一步指出：“尧为匹夫不能治三人，而桀为天子能乱天下，吾从此知势位之足恃，而贤智之不足慕也。”这句话的意思是说，聪明贤能的尧如果身为平民百姓，就会连三个人也治理不了；而有权势却昏聩平庸的桀却能使天下大乱，只因他身为天子。因此，慎到认为势是君主治国的关键。

另一方面，慎到也主张因循自然，无为而治。他说：“天道，因则大，化则细，因也者，因人之情也。人莫不自为也，化而使之为我，则莫可得而用矣。”意思是说，顺其自然，则万物亨通，化而变之，物就不得其用了。自然界如此，人类社会亦然。《慎子 · 民杂》中说：“民杂处而各有所能，所能者不同，此民之情也。大君者，太上也，兼畜下者也。下之所能不同，而皆上之用也。是以大君因民之能为资，尽包而畜之，无所去取焉。是故不设一方以求于人，故所求者无不足也。大君不择其下，故足。不择其下，则易为下矣。易为下则莫不容。莫不容故多下，多下之谓太上。”慎到在这里强调君主无为而民自化，同时再次突出君主至高无上的地位。

同时，慎到根据顺其自然的理论提出，法必须不断变化以顺应时代，否则，法就会衰亡，法治就会走向失败，因此，变法是君主重要的职责之一。

慎到著有《慎子》一书，班固在《汉书 · 艺文志》中收录了《慎子》42篇，宋朝的《崇文总目》记为37篇，现在仅存7篇，即《威德》《因循》《民杂》《德立》《君人》《知忠》和《君臣》。

尹文

尹文，战国时期齐国人，稷下道家学派思想家。他的思想具有调和色彩，以道家为基础，兼容儒家和法家，对荀子和汉初儒家思想影响较深。尹文于齐宣王时在稷下学宫讲学，也是当时著名的稷下先生。

《庄子 · 天下》评价尹文的学说是“不累于俗，不饰于物，不苛于人，不忮于众，愿天下之安宁以活长命，人我之养毕足而止”，可见尹文希望天下太平，社会安宁，人民安居乐业，但不求大富大贵，要适可而止，不应有太多的欲望，从而“见侮不辱”，问心无愧。这就是尹文心中治理天下的“大道”。

尹文提倡宽容待人，也就是所谓的“恕道”，在强调“不争”的同时，吸取儒家“克己”的思想，主张克制和容忍，更反对战争。他认为，“大道容众，大德容下”，君主对臣民只要讲究宽恕忍让，一切事情就好处理了。尹文主张简化办事程序，强调在办事时找出事情发展的前因后果，掌握重点。他还指出，君主要“无为而治”，这样才能够“容天下”，“容天下”就可以得民心。这就是“我无为而民自化”的道理，也就是老子的“无为而无不为”的核心政治思想。

尹文融合儒法提出了“八术”的概念，即“仁、义、礼、乐、名、法、刑、赏”，他解释道：“仁以道之，义以宜之，礼以行之，乐以和之，名以正之，法以齐之，刑以威之，赏以劝之。”同时他又认识到，“仁者所以博施于物，亦所以生偏私；义者所以立节行，亦所以成华伪；礼者所以行恭谨，亦所以生惰慢；乐者所以和情志，亦所以生淫放；名者所以正尊卑，亦所以生矜篡；法者所以齐众异，亦所以乖名分；刑者所以威不服，亦所以生陵暴；赏者所以劝忠能，亦所以生鄙争”，事物都有两面性，他的这种看法继承了老子的辩证思想。尹文认为“八术”“无隐于人而常存于世”，如果大家都掌握了，就能够达到天下大治，从而达到无为而无不为的理想境界。

尹文的思想，不仅与儒家相通，而且与老子清静无为的基本精神一脉相承。《汉书·艺文志》收录了《尹文子》一卷，分为上下两篇，后来收入《道藏》，成为道教经典之一。而唐朝人写文章时引用《尹文子》中的文字是今本中所没有的，因此有人怀疑今天流传的《尹文子》是一部伪书。

战国末期，秦始皇一统六国，结束了漫长的战国时期。但是强大的秦朝寿命却十分短暂，陈胜吴广大泽乡起义，揭开了天下反秦战争的序幕，也是天下战乱不断的开端。经过了反秦战争，以及四年的楚汉相争、翦除异姓王的战火，汉高祖刘邦建立的西汉王朝逐渐稳定，但此时天下的经济已经残破不堪，社会刚刚稳定，必须建立和制定一些制度和政策来恢复经济、巩固政权。在这种大背景下，“黄老之学”成为西汉初年的统治思想，避免重蹈秦朝灭亡的覆辙，西汉初期的统治者相应地采取了“休养生息”政策。“休养生息”，源于老子思想中的“无为而治”，即“无为而无不为”（在这里不是指什么都不做，并不是不为，而是含有不妄为、不乱为、顺应客观态势、尊重自然规律的意思）。

“休养生息”政策包括“轻徭薄赋”，“宽刑慎罚”，就是说减轻徭役，减少赋税，减轻刑罚的同时还要慎重处理刑罚。因此，西汉从建立到汉武帝即位之前的70多年间，经济得到恢复，社会比较稳定，尤其是到了汉文帝、景帝时期，天下出现社会安定、经济发展的“盛世”，史称“文景之治”。西汉初年，大的封国不过万家，小的只有五六百户，到了文景时期，流民还归田园，户口迅速增加。大的封国可达三四万户，小的也户口倍增，而且与过去相比殷实得多。因农业发展，粮价大大降低，文帝初年，粟每石只有十余钱至数十钱。《汉书 · 食货志》说，“至武帝之初七十年间，国家亡事，非遇水旱，则民人给家足，都鄙廪庾尽满，而府库余财。京师之钱累百巨万，贯朽而不可校。太仓之粟陈陈相因，充溢露积于外，腐败不可食。众庶街巷有马，阡陌之间成群，乘字牝者摈而不得会聚。守闾阎者食粱肉；为吏者长子孙；居官者以为姓号。人人自爱而重犯法，先行谊而黜愧辱焉。于是罔疏而民富，役财骄溢，或至并兼；豪党之徒以武断于乡曲。宗室有土，公卿大夫以下争于奢侈，室庐车服僭上亡限。”这是对文景之治十分形象的描述，为汉武帝以后“削藩”、“攘匈”打下坚实的经济基础。事实证明，源自道家、源自“黄老学派”的“休养生息”政策符合西汉的社会现状，对一个刚刚建立起来的政权进行巩固，发挥着巨大的作用，这也使得自西汉后的王朝也纷纷效法，让王朝得以巩固。

神仙方术与养生之道

道家思想后来与神仙方术、巫觋占卜、阴阳五行相结合，终于在东汉末年演变为道教。而到了魏晋时期，当时的名士喜欢谈论老庄之学，且崇尚服食丹药，因此道家与道教也常常被混淆。道教的思想具有极为鲜明的中国特色，与民间传统信仰紧密联系，而且发展于不同地区的教派分别吸收了当地的文化养分，因此极富地域特色，并对各地的民俗文化产生了深远影响。

顾名思义，道教得名于老子创立的道家学派，最早见于《老子想尔注》，这是东汉张道陵所作的《老子》注释本。《老子》作为道家思想的源头，被张道陵等人奉为“经书”，老子也被尊为教主。张道陵饱读诗书，精通黄老，在巴蜀地区传道，为人驱邪治病。他所创立的教派叫“正一道”，因入道要出五斗米，当时又称“五斗米道”。读过《三国演义》的人应该知道张鲁，他是东汉末年汉中地区的割据者，自称是张道陵的孙子。“五斗米道”的首领由张氏世袭，张鲁借助信徒的力量割据一方。由于道教徒尊张道陵为“天师”，因此“五斗米道”或“正一道”又称“天师道”。

熟悉三国历史的人更了解“太平道”。同样在东汉末年，于吉宣称得到神人授予的《太平经》，于是在东方传道。这个于吉，后来在东吴传道，孙策认为他蛊惑民众，把他杀掉了。钜鹿（今河北巨鹿）人张角信奉《太平经》，以符水咒语为人治病，深得民心，后来自称大贤良师、天公将军，发动信徒起兵，头裹黄巾为号，宣称“苍天已死，黄天当立”，史称“黄巾起义”。其实张角在道教创立的过程中，也是很重要的一个人，他创立的教派叫“太平道”。

同时代的魏伯阳以黄老思想解读《易经》，作《周易参同契》，又喜好炼丹，奠定了道教丹鼎派的理论基础。当时还有管辂、左慈、华佗等方士、医生，对道教法术及其养生理论的完善也做出了贡献。

道教以“道”为立教的根本，认为“道”派生天地万物，即“一生二，二生三，三生万物”，社会上的一切都应“道”法而行，最后回归到自然。具体来说，道教从天、地、人、鬼四个方面来说明教义。天，指宇宙，也指神仙居所。道教的天界有三十六天，三十六天内有琼楼玉宇和天神，天神奉行天道。地，指现实的地球和自然物，也指鬼魂受难的地狱，地奉行地道。人，指人类，也指个人，人奉行人道。鬼，指人的归所。人若能修善积德，即可超脱苦海，不录于鬼关。

神仙是道教思想的具体表现形式，作为多神崇拜的宗教，道教一直沿袭了我国古代社会对日月、星辰、河流山川以及祖先神灵都信仰的习俗，形成了以天神、地祇和人鬼相结合的复杂的神灵系统。

道教的教徒有两种类型：一种是神职教徒，指“道士”。道士按地域可区分为茅山道士、罗浮道士等。从师承方面来看，分别有“正一”道士、“全真”道士等。若按照宫观中教务而言，可分为“当家”、“殿主”、“知客”等。宫观是道教徒修道、祀神和举行仪式的场所。另一种是一般的教徒，称“居士”或“信徒”。

道术是道教实践天道的宗教行为之一，一般有外丹、内丹、服食和房中等内容。外丹，指用丹炉或鼎烧炼矿石，制作丹药。内丹，是行气、导引、呼吸吐纳等的总称，指用人体作为炉鼎，使精气神在体内凝结成丹。内丹术自元代以后开始盛行，对我国的医学和养生学等有很大的影响。

今天所说的“养生之道”通常是指饮食调理、医疗保健、起居休养等保持健康或延年益寿的方法，而早期道家所说的“养生之道”则相当于“处世之道”，庄子的《养生主》一篇的篇名意为“养生之道”，但它的主要内容谈的却是人的处世原则。

在为人处世方面，老子主张“居弱”和“处下”，认为忍让可以避免一切灾祸。“处下”既是处世原则，又是治国之道，老子主张“知其雄，守其雌”，以低调的态度面对人生，然而忍让却不代表退缩，因为“无为”的目的是“无不为”，道家坚信“柔弱胜刚强”的必然性。人的处世方式也是由“道”派生出来的，属于“形而下”的范畴。

庄子也认为，处世之道重在顺应自然，忘却情感，不为外物所累。庄子指出，养生最重要的是要做到“缘督以为经”，也就是秉承事物中虚之道，遵循自然的变化与发展。他认为以有限的生命追求无限的知识是毫无意义的，同时继承了老子“绝圣弃智”的思想，这种观点固然不可取，但庄子本人并非知识无用论者，因此这种观点也包含着如同“学而不思则罔”的另一层含义。如“庖丁解牛”的故事，庄子用庖丁解牛的过程来比喻人的养生，庖丁遵循牛的肌体腠理间隙分割牛的骨肉肢体，不以刀与牛骨硬碰硬，说明人生处世也要因循自然规律，取其中虚，才能做到“游刃有余”，从而趋利避害，摆脱矛盾的纠缠。庄子还认为，人的生老病死皆属自然，对此只需淡然处之。但这种听天由命、屈服于自然的态度，则显得过于消极。

庄子思想的核心，一是自由自在，二是顺其自然，这种哲学思想深刻地嵌入到他的生活旨趣中。老庄哲学的养生之道不但对中华民族的民族精神影响深远，也为中国传统医学的发展提供了一定的理论支持。

在知识分子的心目中，庄子的哲学是最贴合他们内心深处隐微的部分的。它是率性的，是顺应自然的，给知识分子提供了一块可以自由呼吸的空间，尤其是乱世中，老庄思想是一副安定剂。在魏晋南北朝时期，社会动荡、政治黑暗，天灾人祸不断，老庄玄学得了前所未有的推崇，知识分子专注于解读《老子》《庄子》《周易》，在乱世里，士人找到了自己安身立命的依靠。

3. 三教之释教

中国是世界四大文明古国之一，有着漫长的历史和深厚的文化积淀。历史上，我国曾有过三个开放时期，第一个是魏晋南北朝时期吸收的佛教文化，第二个是隋唐时期接受的中亚文明，第三个明清时期基督教的传入。虽然文化传播时期并不集中，但细细数来，佛教文化对中国的影响，却是十分深入，以致于有时候我们很难避开外来的佛教文化，提炼出真正的“国粹”来。

佛教作为世界三大宗教之一，于公元前 6 世纪晚期产生于古印度，在两汉之际传入中国，又在其发展过程中与中国的传统文化互相影响、吸收，发展为中国的民族宗教之一，成为中国古代文化的重要组成部分，对中国古代社会历史，对哲学、文学、艺术等其他文化形态，都产生了广泛而深远的影响。

佛教又可分为大乘佛教和小乘佛教。乘有车辆、运载、道路的意思，能载人到不同的地方，以此比喻佛法能普渡一切众生成佛。修行佛法，能离开苦岸，脱离烦恼的此岸，到达快乐的彼岸。

公元前 4 世纪中叶，印度佛教僧团因为传承和见解方面的分歧，形成了部派佛教。公元 1 世纪至 2 世纪时，大乘佛教逐渐兴起。大乘的梵文音译为“摩诃衍那”，“摩诃”有“大”的意思，“衍那”指“乘载”、“道路”。而坚持原有教义，重视“自我解脱”的部派佛教则被称为小乘佛教，这就形成了佛教两个派系。

小乘佛教把释迦牟尼视为教主，而大乘佛教则提倡三世十方有无数佛存在。另外，小乘佛教主张众生自救，佛只能指出途径，但不能人人成佛；大乘派则认为除释迦牟尼佛之外还有其他佛，只要信仰虔诚，遵循佛法修行的人，不用出家也可成为菩萨、佛。大乘注重利他（利益大众），小乘则着重自我解脱。小乘佛教为自度、自利，大乘佛教有自度度人、自利利人的利益。

大乘佛教主要在印度、中国、日本、越南等国流行，小乘派则主要流行于斯里兰卡、缅甸、泰国、柬埔寨、老挝和马来西亚等国。

佛教东传

汉明帝永平十年（67）明帝夜梦金人飞行殿庭，明晨问于群臣。太史傅毅答说：西方大圣人，其名曰佛；陛下所梦恐怕就是他。于是，汉明帝派遣中郎将蔡愔等18人去西域，访求佛道。蔡愔等于西域遇竺法兰、摄摩腾两人，并得佛像经卷，用白马驮着共还洛阳。明帝专门建立精舍给他们居住，称做白马寺，摄摩腾与竺法兰在寺里译出《四十二章经》。这几乎是汉地佛教初传的普遍说法。

佛教传入中国之后，到了后汉末叶桓灵二帝的时代，记载才逐渐翔实，史料也逐渐丰富。其时西域的佛教学者相继来到中国，如安世高、安玄从安息来，支娄迦谶、支曜从月氏来，竺佛朔从天竺来，康孟详从康居来。由此译事渐盛，法事也渐兴。

佛教东传其实并不只是一个宗教事件，乘着佛教的大船而来的，是同样优秀的印度、希腊、波斯和中亚文化。雕塑，绘画，音乐，美术，工艺，物产，珍宝，思想，性格，逻辑，科技，风气都借助着这只航船远渡重洋，来到中土，使当时的眼界、文藻、胸襟都为之一变。所以不能不说，佛教文化一定程度上改变了中国。

佛教艺术传入我国时，首先出现在新疆地区，这些地区的人们根据当地的自然条件，用土块和土夯筑成了佛塔；修建了“木骨泥墙”的“回”字形殿堂，这点在印度出现的中心柱窟得到发展，形成具有当地特点的龟兹式形制；用泥和石膏等塑造佛和菩萨像，则促进了泥塑艺术的发展；印度的凹凸晕染法与我国绘画中的线条有机地结合在一起，产生了西域画派中的“于阗艺术”“高昌艺术”和“龟兹艺术”。另外，中原各地的佛教艺术也表现出区域内的特色，在统一中放射出异彩。

后来，佛教传播到朝鲜、日本等远东和东南亚地区，也相继出现了独具特色、繁荣昌盛的局面。直到今天，这些地区仍有许多虔诚的信仰者。

佛教中国化的历程

佛教自两汉之际传入中国内地后，在中国的发展过程中不断被中国化，从而成为中国最重要的宗教之一。可以说，想要认识中国文化，不可不了解佛教，不可不知晓佛教典籍。

中国佛教大体可以分为以下几个时期。第一个时期是汉代佛教。此时佛教刚刚传入中国，以佛经翻译、介绍和解说为主，翻译的主要是《禅经》和《般若经》。这个时期，人们把佛教看成是黄老学说的同类，禅学被看作是学道成仙的方术，佛教是在与道教方士思想结合的过程中才得到发展的。所以，这个时期可称为佛道时期。

第二个时期则是魏晋南北朝佛教。这个时期里，佛经被大量翻译，中国僧侣佛学论著纷纷横空问世，般若学出现了不同学派，民间信仰也日益广泛。佛学受到了玄学的影响。玄学研究的是体用、有无、本末这样一些比较抽象的理论，对当时佛教的发展影响很广泛。所以，这个时期可以说是佛玄时期。

第三个时期是隋唐佛教。这个时期可以说是佛教的全盛时期，也正是它中国化的时期。这时期翻译过来的佛教典籍已经相当丰富，随着政治和经济的发展，文化交流融合日趋加强，佛教得到空前的发展，创立了不少新的宗派。唐代的统治者实行儒、佛、道三教并行政策，使佛教得以繁荣昌盛。封建统治者利用佛学治心、儒学治世、道教养身等不同功能，使其作用互补，以达到维护统治的目的。佛教与中国传统文化互相融合，摄取儒、道思想，使之不仅形成了中国化的佛教宗派，而且提出了很多不同于印度佛教的理论。

第四个时期是宋元明清佛教。这时，汉族地区的佛教由盛转衰，佛教与中土固有文化进一步融合，在民间信仰上树立了牢固而广泛的基础，但并没有新的宗派产生，主要还是禅宗在流传，其次是净土宗。在理论方面也无甚创新，主要是说明佛教理论与正统的儒家思想不违背，提倡三教融为一体，表面上以儒家思想为主，但事实上掺杂了佛教思想。这一时期佛教的特点是结合了中国封建政治和伦理，使之更加中国化。

第五个时期是近代佛教。此期，由于受到西方多种外来思想的冲击，佛教思想也受到国外资产阶级哲学思想的影响。部分佛教理论逐渐成为沟通中国传统思想和西方思想的一个中间环节。特别是在戊戌变法之后，一些倡导改良运动的资产阶级革命学者对佛学理论有所发扬。

佛教的基本教义

从某种程度上来说，佛教教义的主要内容可分为两个方面：一是关于因果善恶与修行方面的，这是佛教教义实践方面的内容。佛教的善恶因果观与修行法门，既与其他一切宗教的说教有共通之处，又自有其特别的地方；二是关于生命和宇宙的真相方面，这是佛教教义的理论和哲学方面。佛教关于生命和宇宙真相的理论，是建立在佛教修行的成果之上的。

佛教的基本教义，主要有缘起、法印、四谛、八正道、十二因缘、因果业报、三界六道、三十七道品、涅槃，以及自成一体的密宗法义等。

缘起，说的是诸法由因缘而起。此缘起之理是释迦牟尼悟道成佛的证悟，是佛教的基本原理。佛教以缘起解释世界、生命及各种现象产生的根源，并由此建立起佛教特殊的世界观和人生观。

法印就是作为印证是否合乎佛法的标准。小乘佛教有三法印、四法印、五法印之分。

四谛，又作四圣谛。谛，意为真理或实在。四谛即苦谛、集谛、灭谛和道谛。苦谛：生死轮回，三界六道，充满了痛苦烦恼。集谛：集有集合、感招、积聚之意，集谛说的是众生痛苦的根源，一切众生由贪、嗔、痴等造成种种业因，以及感招未来的生死烦恼。从根本上来讲，无明是众生痛苦的根源，即对于佛法真理和宇宙人生真相的无知；也正因为无明，众生才陷入诸多烦恼之中，并由此造下种种恶业，这种种恶业，使得众生未来注定要遭受种种业报。这样反复自作自受，轮回不休。灭谛：指痛苦的寂灭，灭尽三界烦恼业因以及生死轮回果报。道谛：主要指八正道，指通向寂灭的道路。佛教认为，只要依照佛法去修行，就能脱离生死轮回的苦海。

八正道，即合乎正法的八种悟道途径，也称八圣道。即正见、正语、正业、正命、正精进、正念、正定。

十二因缘指的是无明、行、识、名色、六入、触、受、爱、取、有、生、老死。这十二个环节一环套一环，顺逆都互相缘生缘灭，故称作十二因缘。

因果说。有因必有果，有果必有因，师云："业由心造，业随心转"。因果业报，也称因果律，是用来说明世界一切关系的基本理论，即一切事物皆由因果法则支配之，有因必有果，有果必有因。

三界六道是佛教业报轮回一说的主要内容。佛教认为，众生由惑业之因而招感三界六道之生死轮回的果报，如同车轮之回转，永无尽止，故称轮回，或生死轮回、轮回转生。

三十七道品，又被称作三十七菩提分，指为追求智慧、获得觉悟而进入涅槃境界的37种修行方法。三十七道品分为四念住、四正勤、四神足、五根、五力、七觉支、八正道等七个方面。

涅槃，意译作灭、寂灭、灭度等，是佛教修行的最终目的和最高境界，一般指去除烦恼的精神境界，这是一种超越生死、永恒安乐的境界。

密宗法义，在佛教教义中，密宗的教义系统具有其显著的独特性。密宗认为，佛教其它诸宗的教义，是作为应化佛的释迦牟尼对娑婆世界众生所作的教化，是显教；惟有密宗的教义，是宣说佛自内证之境界以及深妙奥秘之秘密法门。

中国佛教的主要宗派

中国的佛教派别主要有八宗。一是三论宗，又名法性宗；二是法相宗，又名慈恩宗；三是天台宗；四是华严宗，又名贤首宗；五是禅宗；六是净土宗；七是律宗；八是密宗，又名真言宗。通常简称为性、相、台、贤、禅、净、律、密八大宗派。

三论宗，以研究《中论》《十二门论》《百论》而著名，属大乘中观派。在我国佛教史上，三论宗不是作为一个宗派存在的，真正形成佛教宗派，是佛教传至日本之后开始的，另外，三论宗名称的由来，也是始于日本佛教。

法相宗，创始人为唐代玄奘，由弟子窥基弘扬佛法。因为窥基在慈恩寺大弘法相唯识学，故又名慈恩宗。唐武宗毁佛以后，法相宗传承断绝，仅有极少数僧人研习，大部分经典也已散失。唐朝时，法相宗传入日本、韩国，建立了日本唯识宗，历代传承不绝。

天台宗，发源于光州大苏山净居寺。因为其创始人智顗常在浙江天台山弘扬佛法，故得名天台宗。天台宗是中国佛教最早创立的佛教宗派，并在9世纪初被日本僧人最澄传入日本。天台宗因为尊奉《妙法莲华经》，故也被称为法华宗。

华严宗，以《华严经》为立宗经典，故称华严宗。创始人是法藏，以龙树菩萨为宗派初祖。因为法藏受封为贤首国师，故又称为贤首宗。华严宗从盛唐时创立宗派，直至武宗灭佛以后，宗派逐渐衰微。

禅宗，据说由南朝入华僧人菩提达摩创立，主张修习禅定，因此得名。“禅”字是从梵文“禅那”的音译，意思为“静虑”、“思维修”，指一种精神的集中，一种有层次的冥想，是佛教很基础而且重要的修行方法，也是大乘的六波罗密之一。禅宗又因以参究的方法，彻见心性的本源为主旨，所以也称佛心宗。

达摩于北魏末年间在洛阳活动，后来到嵩山少林寺，面壁9年修持佛法，修习禅定，并以《楞伽经》授徒，遂后世以达摩为中国禅宗初祖，以嵩山少林寺为禅宗祖庭，因而嵩山少林寺有“天下第一名刹”之称。达摩在少林寺有嗣法弟子慧可、道育等人，僧璨为再传弟子。璨弟子为道信。道信弟子弘忍立东山法门，为禅宗五祖。门下分赴两京弘法，蜚声一时。其中有神秀、惠能二人分立北宗渐门与南宗顿门。六祖惠能是禅宗的发扬光大者，他主张教外别传、不立文字，提倡佛性本有、心性本净、见性成佛。这是世界佛教史尤其是中国佛教史上的一次重大改变。

相传南北二宗之争，最早始自五祖弘忍选嗣法弟子。神秀作偈曰：“身是菩提树，心如明镜台；时时勤拂拭，勿使惹尘埃。”弘忍以为未见本性。惠能也作一偈：“菩提本无树，明镜亦非台；本来无一物，何处惹尘埃。”弘忍以为得其禅之心要，故密授其衣钵，认可其嗣法地位。以后北宗主拂尘看净之渐修，南宗主张顿悟而即身成佛。认为舍离文字，直探心源，闻言当下大悟，顿见真如本性才是修禅正途，其禅法可概括为无所住而生其心，即由定发慧。

神秀住荆州玉泉寺，晚年曾入京，为三帝国师；惠能居韶州曹溪宝林寺，门下人数甚多，以惠能为六祖。时称“南能北秀”。北宗主张“拂尘看净”的渐修，数传后即逐渐衰微；南宗则传承广泛，后成为禅宗正统，以《楞伽经》《大乘起信论》《金刚经》为主要教义根据，代表作为《六祖坛经》。

惠能以后，禅宗流传逐渐广泛，于唐末五代时达于极盛，为汉传佛教的主流。同时禅宗佛教发展到了顶峰，是汉传佛教最主要的象征之一，对中国传统文化的发展具有很大的影响。禅宗佛学特点在于其高度理性化，以至于完全没有神学气息。禅宗修持以定慧一体为特色，后世禅宗流入禅语的机锋和逞口舌之辩，都违反了禅宗的本意。禅宗强调的是心性的运用，以明心见性为宗旨。

净土宗，以修行往生阿弥陀佛净土法门得名。其始祖慧远曾在庐山建立莲社，提倡往生净土，故又称莲宗，创立者为唐代的善导。历代祖师并无前后传承法统，均为后人据其弘扬净土的贡献推戴而来。按近代印光所撰《莲宗·十二祖赞》，以慧远、法照、善导、袾宏、少康、延寿、承远、省常、行策、实贤、智旭、际醒为莲宗十二祖。前九祖和《莲宗九祖传略》大致相同。后印光也被其门下推为第十三祖。净土宗的修行简单易行，在民间广为流传。净土宗修学的主要经典有《观无量寿佛经》《佛说无量寿经》《阿弥陀经》《华严经·普贤行愿品》《楞严经·大势至圆通章》《往生论》，通称五经一论。

律宗，创始人为唐代道宣，以注重研习以及传持佛教的戒律得名。因依据五部律中的《四分律》建宗，也称四分律宗。复因道宣住终南山，又有南山宗或南山律宗之称。律宗以《十诵律》《四分律》《摩诃僧祇律》《五分律》《毗尼母论》《摩得勒伽论》《善见律毗婆沙》《萨婆多论》《明了论》作为立宗经典，通称四律五论。

密宗，以“怛特罗”作为教典名称，汉文译作“经”、“教”。汉传佛教一般把密教分为三部，即杂密、胎藏界和金刚界。藏传佛教则依宗喀巴大师的《密宗道次第广论》来分类，有四部，一是事续（所作怛特罗），二是行续（行怛特罗），三是瑜伽续（瑜伽怛特罗），四是无上瑜伽续（无上瑜伽怛特罗）。

4. 三教合一

中国文化一元中蕴含着二元，二元中蕴含着多元，正如老子所说：“道生一，一生二，二生三，三生万物。”天地、阴阳是二元，却又有高下、强弱之分，天尊地卑，阳刚阴柔。然而高下、强弱又不是绝对的，在某种情况下可以相互转化，柔弱也可以胜刚强。这就是中国文化的妙处，虽然强调定于一尊，但是又兼容并包，反对恃强凌弱。

不同学说的融合在先秦时期就已出现，如杂家，兼采百家之长，其他各家也相互影响，分合流变，下一章将会详说。

当然，说到“三教合一”，前提条件是“三教”都已产生。前文已经说了，儒家创立于春秋时期，佛教传入中土在两汉之际，而道教则形成于东汉末年。因此三教合流的趋势最早出现在魏晋时期。

魏晋玄学家大多接受过良好的儒学教育，又喜欢老、庄，于是用道家思想解读儒家经典。《牟子理惑论》是中国最早的佛教论书，最大的特色是以儒家思想解释佛教教义。西晋僧人释道安引用《老子》的话解释《般若经》。佛教传入汉地时，因剃发、出家违背儒家伦理，所以最初只能依附于黄老、玄学。南北朝时期，无论南北，都极为崇信佛教，经常出现儒、释、道争鸣辩论的场面，如北魏崔浩劝太武帝尊天师道而灭佛，南齐范缜与竟陵王萧子良辩论而作《神灭论》。三教有争论，也相互借鉴，如刘宋著名道士陆修静参考儒家礼仪制定道教斋醮科仪，效仿佛教要求道士诵经，南梁陶弘景则根据儒家礼制和佛教世界观编订了一套系统的道教神仙谱系。

隋唐时期，中国文化基本上形成了以三教为中心思想的雏形，其标志性事件就是唐玄宗亲自选注了三本书。第一本是《孝经》，它是儒家的经典，百善孝为先，孝是构建儒家思想的核心概念；第二本是《道德经》，它是道家的经典，是后世黄老学派、魏晋玄学、道教教义的思想来源；第三本是《金刚经》，它是佛教的经典，更是般若系大乘经的思想精华。从唐以后，三教合流体现了中国文化中各元素相互配合的特点，同时也说明了中国文化始终是一种多元包容的文化。在传统文化中，儒释道三教相互吸收彼此的精华，在保持自身根本基因的同时，各自的特色基因又可以相互配合。所以历史上有这样的说法：以儒治世，以道治身，以佛治心。

儒释道三教相互影响，你中有我，我中有你，不管语言文字还是思想内容都是如此，但各自都保持了独立的核心价值观念。佛教中国化的说法没有错，然而中国化的涵义是什么呢？是说佛教适应并融入到中国文化中，还是被中国的本土文化给消化掉了？那么佛教到底有没有被儒化、被道化呢？我觉得不能说佛教被儒化、被道化了，而是佛教适应了中国的文化环境，它的理论观念在某种意义上充实了中国文化，才形成儒释道三教鼎立、互相支撑的局面。

过去，有人说禅宗最关注心性问题，这是受到了儒家的影响，是儒化的证明。其实恰恰相反，宋明理学家大量讨论心性的问题是受到佛教思想的启发。“明心见性，见性成佛”是佛教的思想，儒家受到启发，才开始大量讨论心性的问题。佛教在中国的传播是一件很有实践意义的事情，它既能适应中国的文化环境，又能保持自己的主体性；中国文化在吸收佛教思想的同时，也能够不被同化，保持儒、道自身的特征。儒家入世、佛家出世、道家遁世的特点也不是不能融合的。大乘佛教非常强调要以出世心做入世事。过去认为艺术喜欢把庄、禅联系在一起，好像禅受到庄的影响；反过来，庄也似乎受到禅的影响。其实两者是不一样的，庄更务虚一点，禅更务实一点，禅要落实到生活，处处有禅，时时有禅，不离日用。

儒释道三教相互配合，有治理社会的，有治理身体的，有治理心理的。我们今天应该将这三教全都继承。此外，还有信伊斯兰教的，在五十六个民族里面有十个民族信仰伊斯兰教。伊斯兰教有自己的传统，也有其与中国的儒释道思想相互碰撞、相互交流的历史，都是值得我们学习的。这一点对于基督教来说也是一样。

中国文化里面没有西方文化中造物主的概念，这在儒家文化里体现得特别突出。《尚书》中说："皇天无亲，惟德是辅。"这句话可以说决定了中国文化是以人为本。德行是天时、地利、人和的先决条件，德行不好，就没有人和，也就没有地利、天时。这里说的还是人的自我完善，也就是德行的提升。既然中国文化是以人为本，那么人就要靠自己来管理好自己，只有这样才能保持人的主体性、独立性。那么道家文化呢？也一样，道家强调回归自己的真性，就能够成为真人、至人、神仙。《汉书·艺文志》说："神仙者，所以保性命之真，而游求于其外者也。"所以道家养生有一个非常重要的观点，那就是"去其所本无，复其所固有"，可以视为养生的秘诀。"去其所本无"，就是去掉人本来就没有的；"复其所固有"，就是恢复本来所固有的，这就是"保性命之真"。佛教也强调心，强调恢复清净的本心，要认识自性本来是清净的，人只是由于外在的各种干扰，失去了清净的本心，所以才有这样那样的烦恼。佛家主张通过勤修戒定慧，来熄灭贪嗔痴。佛教文化并不只是祈求佛祖、菩萨来保佑自己，而是要开启自己的智慧，认识到世界的本质、生命的本真，然后能够回归本来清净的本性，能够放下，能够舍得。佛教倡导要向内探求自己的问题，认识自己的原因，因为自己承受的现状是三业所造成的。佛教的这种理念和现代西方文化是互补的，因为西方文化更多的是向外的，包括它的宗教信仰。以基督教为代表的信仰也是向外的，求上帝的救赎，所以更注重的是一种外在的方法。

宋代以后，中国文化真正变成了三教合一的文化，而宋代的儒士文人大都与佛教、道教有着很深的渊源。用一句话来概括，就是“出入佛老数十年，终归六经”。佛就是佛教，老就是道教。六经是儒家经典，代指回归儒家的思想。道家和道教是有区别的，先有了道家后有道教，而道教要向佛教传言，跟佛教去辩论，向佛教去学习。佛教有三世诸佛，道教有三清。佛教有佛经，道教也有道经，有老子《道德经》，然后是庄子的《南华经》，然后是列子的《冲虚经》，所以变成道教的一个经典。宋代以后的中国学者既跟佛教的人交往，也跟道教的人交往，跟他们吟诗喝酒，然后讨论学问。

比如宋代大文豪苏轼，他有个好朋友佛印和尚，两人经常会画画写诗，讨论儒家经典、佛家经典，并且留下了很多故事。有个故事是这样的：苏东坡在瓜州任职时，有一天写了一首诗，派书僮送到佛印那里去，请他评点。诗是这样写的："稽首天中天，毫光照大千。八风吹不动，端坐紫金莲。"佛印从书僮手中接过诗作，莞尔一笑，批了"放屁"二字。苏轼大怒，连夜渡江讨个说法。待到了金山寺下，佛印却闭门不出，只派人给苏轼送来一张纸条，上面写着"八风吹不动，一屁打过江"。苏轼方才恍然大悟，赧然而退。"八风"，是指利、衰、毁、誉、称、讥、苦、乐，四顺四逆共八件事，顺利成功是利，失败是衰；背后诽谤是毁，背后称赞是誉；当面赞美是称，当面漫骂攻击是讥；痛苦是苦，快乐是乐。佛家教导说，应当修养到遇八风中的任何一风时情绪都不为所动，这就是八风不动。

这种小故事在禅宗是非常多的，读得多了，我们就会了解，古代文人、僧人、道士之间并不存在矛盾和抵触之处，他们在中年以后心智很成熟了，对中国儒家有着更深刻的体会了。比如王阳明，他的思想是以儒家为主体的，但他结婚的当晚却失踪了，家里人去找，发现他去道场炼丹了。王阳明对道教很痴迷，对佛教也有很深的了解。唐宋以后，一直到清代，很多文人都是如此，在修身养性的过程中实现了三教合一。

近代中国文化的嬗变

如果说中国有5000年文明史，那我们大约有4800年的时间占据了世界文明史的主体；如果说中国有3000年的文学历史，那我们大约有2800年的时间占据了世界文学史的主体。近代的200年，我们落后于西方，但并不意味着我们的文化落后西方，而是我们近3000年的农耕文明相比于西方的工业文明变得落后了。

19世纪中叶，中国文化遇到了西方文化。《纽约每日论坛报》特别关注在一战以后欧陆发生的各种社会主义思潮，就请马克思作为通讯员写了10篇社论，最早叫做《马克思论中国》。

1896年，马克思主义通过上海的一份基督教传教士办的报纸《万国公报》传进了中国。这份报纸在介绍基督教教义的同时，也报道西方发生的政治事件，其中就介绍了马克思的学说是“公平安民”学说，可以说，它对马克思学说的概括还是比较准确的。

后来，同盟会的一些老盟员，像胡汉民、廖仲恺、宋教仁等人，也开始向中国介绍马克思主义，这些人后来组建了国民党，在国民党的《建设》杂志上，胡汉民就发表过以马克思的思想言论、马克思学说研究中国问题的文章。这就必然会出现一个问题，也就是说，马克思在中国的传播，最早应该是同盟会，或者应该是国民党的老党员做的事情。

那么，为什么是由他们来介绍马克思？一个外部原因是：在这个时候，欧洲社会主义兴起的时代，《共产党宣言》里就出了各种各样的社会主义，马克思所主张的社会主义也是这个社会主义思潮中的一种。然后他的这个学说在中国受到欢迎。还有一个很重要的原因，就是前面我们提到的，马克思为美国《纽约每日论坛报》写的 10 篇社论。在这 10 篇里面，有两点很有意思：

一是马克思批评英帝国主义一方面强迫清王朝签订不平等条约，另一方面在印度建立东印度公司，私种鸦片，然后贩运到中国。

二是批评当时的沙皇俄国总共霸占了中国大约148万平方公里的土地。在那个时代，有这样一个人来自西方又批判西方，至少从中国的民族情感来看是很容易接受，同时也很容易受到推崇。

据统计，《共产党宣言》，还有《家庭、私有制和国家的起源》和《资本论》序言，大约在1907年到1910年之间，都已经被翻译成了中文。

马克思当时在中国的传播总共有三条路线，一条是法国，这是最早的；稍后是苏联；还有很重要的一套，就是从日本传进中国的，这条线路非常清楚，因为在鸦片战争以后，中国败给日本，有一大批人到日本去留学，而且日本这个时候介绍了很多马克思主义思想，这个思想对当时的中国留学生的影响很大，那时候留学生们编了很多报纸和杂志，如《浙江潮》《夏声》等，都在宣传马克思的思想。

这样就能够解释马克思主义为什么能够传进中国了。最重要的一点就是，它不是一套意识形态的理论，而是一套解决社会问题的学术理论。它是属于马克思的一套学术，不仅在说明世界，而且要改造世界，所以对中国来说比较容易接受。马克思在《共产党宣言》里说要出现一个“自由的联合体”，其实是文字翻译问题，这里指的是一个新社会的出现，一个新的自由体的出现，这个新社会、新的自由体建立在个人自由基础上。

可是马克思要解决的是世界的问题，他要打碎旧世界，建立一个新的群众基础和群众组织，所以他后来更多的是讲阶级，很少讲个人自由的问题，但马克思早期还是认同人道主义思想，他后来开始强调阶级的时候，就开始忽视了个人问题。这也成为中国革命史里面一个重要问题，因为中国人更多是在讲集体问题、国家问题，的确也很少讲到个人问题。

中国传统文化讲读书人，肯定首先从自己做起，古之学者为己，修身、齐家，这些都是首先从个人做起，但是当这种文化的传统在与一个越来越强的国家主义倾向发生关系的时候，实际上后来的个人就开始让位于集体或者国家、民族。可是也可以翻过来，你要平天下才能治国，治国才能齐家，齐家以后，你才可以做到修身，然后后面致知格物、正心诚意，所以这个逻辑是可以调换过来的。就这样，一套政治理论变成了道德伦理，然后又从道德伦理变成国家政治论，这也是中国传统哲学问题很重要的一个倾向。到了近现代，在传统的知识分子的理念中，他们要把自己的学说献给民族和国家，所以他们才会寻找教育救国、工业救国等各种各样的理论。

今天，国学的复兴和中国传统文化的复兴之所以能够成为时代的一种需求，还要从晚清时期说起。当时讨论的主题是如何面对西学。与西学相对的，就是国学，这个概念也是从这时开始提出来的。当时的人们还讨论中学为体还是西学为体，中学为用还是西学为用等等，如果说晚清时人们面对西方文化还面临着选择，那么到了五四运动时期，它就变成了一个很重要的问题。“五四运动”是一场反帝反封建运动，这是毋庸置疑的，但是同时它也造就了大量的激进分子，这就给中国带来了很大的问题。运动本身未必是要推翻传统文化。比如茅盾就曾写过一篇文章《进两步退一步》，大意是说当白话文还没有占领社会舞台的时候，发誓不读古书，等国事安定了，再来整理也不晚；顾颉刚也有这样的言论。但是当这些人变得过激以后，就完全不管不顾了。鲁迅就曾经说过，青年人要读西方书，不要读中国书，可是他们本身的生活风格和他们一直读的东西，其实还是很传统的。但他在社会上表现得非常激进，这个激进就造成了非常大的问题。

对大多数的民众来说，他们根本没有相关的知识储备，这就在文化上造成了断层。

所以五四运动带来的问题是值得反思的，尽管他们本身并非真心反对传统文化，但激进主义却给后来的文化发展带来非常大的矛盾和问题，此外，对于如何使中国尽快成为一个世界强国，他们也给出了简单粗暴的解决办法，那就是向西方学习、全盘西化，并以此为口号激励国人向西方学习。

这些人我们可以称之为激进派，当时还有另外一派，可以叫国粹派。国粹派抱残守缺，但也在努力推动中国文化的发展，可是大多数人都没有说清谁来发展、如何丰富自己这个问题。在这个问题上，只有陈寅恪说的比较清楚——一个民族要大胆地向外来民族学习，但同时也不要忘了本民族文化的观念。可惜当时大多数人都没有他这样清醒的头脑。

今天，当我们站在新的高度来重新审视“五四”那个时代的时候，它与现在的网络时代很像，是一个很亢奋的时代。自全盘西化的口号提出后，很多人认为中国传统文化都是腐朽的封建文化，已经失去了生命力，不可能在中国传统文化中引导出源头活水，真正能救中国的文化、价值只能来自西方。这其中包括社会主义者陈独秀、自由主义者胡适，还有无政府主义者巴金，乃至大文豪鲁迅。他们贬损自己的民族文化，即以自己之糟粕与外人之精华相比，胡适把中国文化简单概括为裹小脚加鸦片烟，西方文化则被他简单地概括为民主、科学、自由、人权。鲁迅认为中国国民性是奴性，而西方人的反抗心理则是其个人独特个性的表现，竞争说明其社会年轻，充满活力。等到后来，很多人发现这个口号并不能解决当时所面临的问题，便开始了自觉反省，比如胡适算一个，还有一些被称为“新儒家”的人，他们后来全都发表了文化宣言，说我们可不可以充满同情、敬意地去理解传统文化。这才算是符合现在社会学说发展和社会风气的转型。我们应该同意新儒家的说法，充满同情、敬意地去理解我们自己的文化。

什么是传统文化？传统并非一成不变，传统不是过去，而是在现在，它无时无刻不在影响着我们的现在，而我们也无时无刻不在对传统进行创造性的改变。比如《论语》这部书，到今天已经有2000多年历史了，无数人在注解《论语》，关于《论语》的注释大概有4000多部，不管是南怀瑾、杨伯峻、于丹，他们都在对《论语》进行注释或解读，尽管存在瑕疵，但瑕不掩瑜，因为传统正随着我们全新的解读而焕发出新的生机。

美国学者西尔斯的《论传统》里面提出了一个观点：传统再不是时间序列的过去，传统作为文化，它就在当下存在，而且它时时刻刻影响着我们的现在。所以我们要思考的问题就是，如何在新时代去诠释传统，使传统丰富起来，使传统具有现代的意识。继承与发展传统文化，并不是对其一味地顶礼膜拜，而应该用科学的、理性的眼光去审视它，分析它，批判地继承，积极地发展，这才是新世纪炎黄子孙应该持有的正确态度。

不同语境下的文化误读

前面已经说过，文化包含物质、制度层面以及思维方式、价值理念、宗教习俗、审美意识等精神层面，而我们对于文化的剖析则主要应该从以下几个方面入手。

语境

将中国文字还原当时的时代背景之下，不要就文字而看文字，要还原语境、背景。我们要知道文字后面的背景材料。

标点

古代书籍并无标点，称之为章句。后人为书籍加注标点是为了方便阅读与理解，可标点的位置不同，意义也会发生变化。如“民可使由之，不可使知之”，意思大意为“老百姓只可被驱使，而不可以让其知道为什么（被驱使）”。如使其标点发生变化，变为“民可，使由之；不可，使知之”，则意思大意为“其可者，则由之；其不可者，也使其知之。”所以在从古籍中学习中国文化时，还应注意标点的问题。

注疏

即古人对中国文献有注疏式的解释，可帮助对原文的了解。如：“仁者寿。”我们要了解这句话的意思就要看古人对这句话中文字的注疏。寿，“死而不亡者寿”（老子）。如不对“亡”字有一注疏，我们对这句话的理解就较为困难。亡，“亡者忘也，其道犹存”（王弼）。通过这个注疏我们可对“死而不亡者寿”有一了解，即躯体已死而其道不可忘的人称之为寿。那反过来我们可以知道“仁者寿”中的寿字并不是我们平常意义中活的时间长，而是指道存。死了没被世人所忘怀的人，就可以称为长寿之人。到了清代，学者方苞又进一步注解为：“气之温和者寿，质之慈良者寿，量之宽宏者寿，言之简默者寿，故仁者寿。”其中，“气之温和者寿”指的是脾气温和的人会长寿。得肝癌的人肯定爱生气，因为气会伤肝。所以脾气温和会使人长寿。“质之慈良者寿”，这个“质”就是本质，就是“初心”，“慈良”是关爱他人，关爱他人发自本心，这样的人也会长寿。“量之宽宏者寿”，宽宏就是宽容的意思。量之宽宏就是这个人的肚量非常大，他可以跟他的朋友很好地交往，甚至可以跟不熟的朋友，对他有些意见的朋友都能够宽容。这样子的人就非常长寿。“言之简默者寿”，“言”就是语言意思。我们人和人交往，都是通过语言来表述的。可是语言会制造障碍。在魏晋南北朝的时候，古人就为这个事有过辩论，有一派认为言尽意，还有一派认为言不尽意，说明了语言本身就有“攻击性”。所以在语言和语言交流上，会常常发生理解的偏差，然后引起冲突。“默”是不争不辩。如果在语言交流过程当中少一些争论，就会多一些长寿。

一个人生命的延长不是以身体生命来衡量，而是以对于社会、民族、国家、家庭的意义和价值来衡量。古人把立言之人、立功之人、立德之人称之为“三不朽”，就是这个意思。

批判

很多人对于批判的理解都存在着误区。批判可以分为理论批判与政治批判。理论批判是指对理论本身的批判；政治批判则是对理论产生的社会影响的批判。一个理论，必须要有充分的论据支撑；要产生影响，就必然要通过一个媒介而形成社会影响，则该媒介在传播其理论时就会依其功能的不同而选择不同的论据。其选择的不同，对社会产生的影响不同。所以我们不能用政治批判代替理论批判。如对“存天理，灭人欲”的批判，主要是对这句话所产生的社会影响进行批判，戴震认为这是“以理杀人”，由此也引发了鲁迅对于儒家传统的全面批判。但就其理论本身来说，其实并无矛盾之处。儒家说：“饮食男女，人之大欲，即是天理。求美味者，人欲也。”意思是说：渴了喝水，饿了吃饭，男女谈婚论嫁，传宗接代是自然而然的事情。反之，喝水即可解渴，非要追求水本身的价值，吃饭便能充饥，而追求饭食的美味与否，这便是人欲。所以如果理论本身并无矛盾之处，我们就不能用对其产生的社会影响的批判代替对其理论本身的批判。

语境误读

由于语境、标点、注疏、批判等问题的存在，导致了我们在阅读古典文献时常常会产生语境误读。什么叫语境误读呢？就是在我们与人谈话或是交流某些问题的时候，必须要在一个特殊的语境之内，可是当我们把谈话的内容固化成文字的时候，这个语境却丢失了；所以它就无法进行详细的描述，导致我们会对谈话的内容产生一个错误的解读。这其实是很正常的，如果你有背景材料，或者有一个前提，那么你在讨论某个问题的时候，就不大会出现错误。如果没有，那么就会对古典产生错误的理解。

举个例子，子曰："唯小人与女子难养也，近之则不逊，远之则怨。"这是《论语》里的一句话，孔子说小人和女人都很难养，过于亲近，他们就开始不守礼节；一旦疏远，他们又会怨恨你。如果我们把这个概念当做一般概念，不妨首先把这句话里的名词做个解释。小人是什么？《论语》里曾经提到，孔子问："你要做小人还是做君子？"这里的君子和小人是相对的概念，他们都穿着儒家的衣服，但分辨一个人到底是君子还是小人并不是看他穿什么衣服。《庄子·田子方》记载了这样一个故事：

庄子拜见鲁哀公，鲁哀公叹着气说道：“我们鲁国有很多学习儒学的人才，但是像先生您这样专门研究道家思想的人才却很少。”庄子说：“不要说专门研究道家思想的人才很少，就算是学习儒学的人才也不多。”鲁哀公问道：“您来鲁国的时候没有看到吗，我们鲁国几乎所有的人都穿着儒服，难道这还不能说明鲁国的儒士很多吗？”

庄子直言不讳地说：“儒士之中，头上戴着圆形礼帽表示通晓天文；脚上穿着方形鞋子的表示精通地理；腰里佩戴着玉佩，玉佩用五彩丝线来装饰的，不论做什么事情都很英明果断。在我看来，那些真正有学问的儒士平常不见得总穿儒服，而身穿儒服的人也不见的就真有才学。如果您觉得我说的不对，可以在全国发布一道命令，说如果有人没有真才实学，却穿着儒服冒充儒士，抓到就砍头。”鲁哀公于是在全国张贴了告示。仅仅过了 5 天的时间，鲁国就几乎看不到一个身穿儒服的人了。

所以说，就算穿着儒服，也仍然有可能是小人。我们可以将小人理解为无德之人，这是一种解释。还有一种解释，小人就是贫贱之人，贫是没有钱，贱是没有社会地位，《论语》有这样一段话：“贫与贱，人之所恶也，不以其道得之，不为也。”那里的贫就是指的这种，既没有社会地位，又没有钱财。富且贵，富是有钱，贵是有社会地位，人之所欲也，谁都想有钱、有社会地位，但不以其道得之，不为也。

因此，这里小人显然应该是指“不以其道得之”的人和那些无德之人。那么“女子”又该如何理解呢？古代大多是单字词，“女子”则是一个复合词，如果没有“子”字，那么“女”应该跟另外一个字通假，就是“汝”。“汝”的意思是你，可是“你”放在原文里面就变成第二人称，这样就说不通了。

至于“难养”，也有很多解释，但基本上都很容易理解，“难养”就是很难相处。“近则不逊”，两个人关系比较近，“不逊”就是不守礼节。

在古代，中国礼教对女子的约束很多，需要她们遵守的礼节很繁琐。所以当离女人太近的时候，她就不会遵守这些礼节；离女人太远了，她又会跟你生气。大体上，这句话就是这个意思，也是一般意义上的解释。

语境重建

我们是否能够重建当时的语境呢？设想当时孔子说这话

时，是在跟别人对话。在那种情境下，那个人对孔子说了什么，然后孔子就说了“小人和女子难养也，近之则不逊，远之则怨”这样的话。

所以我们不妨重建一下当时孔子与人谈话情景，假设这个人叫王某人，他跟孔子对话，其中提到了一个曾某人，这个曾某人就是小人。孔子说，这个曾某人很难相处，你跟他太近了，他就不遵守一般的礼节；待人接物的规矩，他也不会遵守。可是当你疏远他的时候，他又会跟你生气。

还有女子呢！这个女子我们叫她李氏，这个李氏可能是王某人的夫人，也可能是王某人的女朋友。那王某人就会告诉身边的朋友，这个李氏很难相处，太近了，她就不守规矩。这就很好理解了，男女处在热恋之中时，谁还会守规矩呢！你离开了，她就会跟你生气。

这样，我们就能够理解为什么孔子会说“小人和女子难养也，近之则不逊，远之则怨”，这其中也看不出迫害妇女、轻视妇女的意思！

孔子是述而不作，讲课讲得很多，但很少写东西，孔子过世之后，弟子在一起回忆起孔老夫子说过的话，并记录下来，就形成了《论语》。它也是研究孔子非常重要的一部书。至于《孔子家语》这样的书，则被学者们认为是伪书，我们要研究文化、研究史料，一定要注意去伪存真，要避免误读，并学会语境重建。

中国文化的多元化

西方有位学者雅斯贝尔斯，他发现人类文明存在着一个“轴心时代”，在这个时代，东方也好，西方也好，人类文明的“核”开始诞生——希腊诞生了苏格拉底，罗马诞生了耶稣基督，印度诞生了佛陀释迦牟尼，而中国则诞生了孔孟等先秦诸子。这个时期在中国叫做春秋战国时代，其思想的活跃空前绝后，呈现百家争鸣的鼎盛局面。在这百家当中，具有代表性的除了儒家、道家以外，还有墨家、法家、名家、纵横家、阴阳家、兵家及杂家等等，都曾对历史产生了不小的影响，也共同缔造了中国文化的多元化源流。

兼爱非攻——墨家

墨家在春秋战国时代与儒家同为“显学”。它的创始人是墨子。墨家提出了“兼相爱，交相利”的主张。其中“兼”，就是视人如己；“兼爱”，就是爱人如己。他们说“天下兼相爱”，就能“交相利”的目的。在政治上，墨家主张“尚贤”、“尚同”、“非攻”，反对一切侵略战争。在经济上，墨家反对奢侈，提倡节俭，提出“节用”、“节葬”、“非乐”等主张。在世界观方面，墨家的思想是矛盾的，既提出“非命”又而主张“尊天”、“事鬼”。墨家不但是学术派别还是一个严密的组织，其首领称“巨（钜）子”。他们的纪律严明，相传“墨者之法，杀人者死，伤人者刑”（《吕氏春秋 · 去私》）。墨家的代表人物就是墨子。

1. 墨子与墨家

墨子，名翟，大约生于春秋战国之际，生活年代早于孟子，鲁国人，一说宋国人，墨家学派的创始人。墨家学说在战国中前期影响很大，《孟子 · 滕文公下》说：“杨朱、墨翟之言盈天下，天下之言，不归杨，即归墨。”韩非也将儒家与墨家并称为“显学”，他说：“世之显学，儒墨也。儒之所至，孔丘也；墨之所至，墨翟也。”墨子曾经做过宋国的大夫，在鲁、宋两国活动时间较长。《淮南子 · 要略》说：“墨子学儒者之业，受孔子之术，以为其礼烦扰而不说，厚葬靡财而贫民，久服伤生而害事，故被周道而用夏政。”就是说墨子曾学习儒家思想，由于观点不同，而另辟蹊径，创立墨家学派，授徒讲学，成为儒家的主要反对派。因此孟子发出了“杨墨之道不息，孔子之道不著”的感慨。

春秋战国时期，宗法等级制度瓦解，末等贵族“士”逐渐失去了稳定的生活保障，只能自食其力，墨子就属于这种人。墨子不具备孔子那样的学识，所以只能从事体力劳动，并通过努力成为当时有名的工匠。由于社会地位卑微，墨子常自称“贱人”。也正是因为墨子经常活动于下层社会，因此历史文献对他生平的记载十分有限，以至于他的姓氏名到今天也不能确定。

《元和姓纂》认为墨子是商朝时的孤竹君之后，孤竹君为墨胎氏。晚清学者江琼在《读子卮言》中考证，认为战国诸子中儒、道、名、法、阴阳、纵横等家，都没有以姓氏为学派名称的，因此墨应该只是学派的名称，而不是姓氏。近代学者胡怀琛指出，墨翟是“貊狄”的谐音，墨子可能是一个不知姓名的外族人。历史学家钱穆认为“墨”是指墨刑，即在罪人的脸上刺字涂墨的刑罚，而墨家生活清苦，门徒以体力劳动者居多，墨子及其弟子们都“手足胼胝，面目黎黑，役身给使，不敢问欲”，并提倡“赴火蹈刃，死不旋踵”，在当时，只有身份卑贱的人才能做到这一点。西汉淮南王英布因曾遭黥刑而被称为黥布，因此钱穆认为，墨子曾经受过墨刑或是受过墨刑者的后代。

墨子有《墨子》一书传世，其文字质朴，但逻辑性极强，具有朴素的科学思想，主张“兼爱”、“非攻”。墨家和儒家在社会伦理方面都主张关爱他人，但墨家反对儒家强调的等级观念。墨家提出“兼相爱，交相利”，即不分等级地爱，并以“尚贤”、“尚同”、“节用”作为治国方针。墨家站在下层民众的立场，提出了“非攻”的主张，反对当时的兼并战争。墨家学派还主张“非命”、“天志”、“明鬼”，一方面否定天命的决定性意义，同时又承认鬼神的存在。

墨家既是一个有指导思想的学派，又是一个由领袖领导的严密的社会组织，他们有强烈的实践精神和社会责任感，以“兴天下之利，除天下之害”为奋斗目标。墨者多来自社会下层，吃苦耐劳、严于律己，“孔席不暖，墨突不黔”，“短褐之衣，藜藿之羹，朝得之，则夕弗得”，“以裘褐为衣，以跂蹻为服，日夜不休，以自苦为极”，他们经常像孔子周游列国一样到处奔波，生活相当清苦，朝不保夕。墨者把维护社会公理和道义看作是义不容辞的责任，孟子评价说：“摩顶放踵，利天下，为之。”可见，墨家以天下为己任，提倡舍己为人的高尚品质，为此不惜赴汤蹈火，而且墨者大多数都是有知识的劳动者。

以谈辩为主的墨者被称作“墨辩”，以行侠仗义为主的墨者被称作“墨侠”，墨家的领袖被称作“巨子”，也作“钜子”，墨者必须服从巨子的领导。墨者组织纪律严明，“墨者之法，杀人者死，伤人者刑”。《吕氏春秋 · 去私》记载，秦惠文王时期的一位墨家巨子的儿子杀了人，秦惠文王念他年老，打算宽恕他的儿子，但他仍坚持将儿子以“墨者之法”予以惩处。

墨家对做官的墨者有两项规定，一是必须推行墨家的政治主张，若推行不下去则宁可辞职也不能妥协；二是要向团体捐献俸禄，做到“有财相分”。以上规定人人都要遵守，领袖更要以身作则。

墨子去世以后，墨家逐渐分化成两个分支：一支注重继承早期墨家在认知、逻辑、科技等方面的理论研究，被称作“墨家后学”，即“后期墨家”；另一支则转化为秦汉时期社会上的游侠，墨子的伦理思想基本被游侠阶层所继承。

战国后期，墨家再也没有出现像墨子那样有影响力的领导人，逐渐走向衰落。西汉时期，汉武帝独尊儒术，再加上墨家提倡的艰苦实践作风、舍己为人的精神和严厉的规章制度并非人人都能做到，因此，这一曾经显赫一时的重要学派，逐渐淡出了历史舞台，在西汉之后基本消失了。

尽管如此，一度兴盛于战国时期的墨家学派，其反对战争的思想在那个战乱频繁的时代实属难能可贵。

2. 墨家的思想主张

墨子有《墨子》一书传世，其文字质朴，但逻辑性极强，具有朴素的科学思想，主张“兼爱”、“非攻”。

《墨子》一书分两大部分：其中一部分记载墨子言行，阐述墨子思想，这些主要是反映了前期墨家的思想；另一部分包括《经上》《经下》《经说上》《经说下》《大取》《小取》等六篇，一般称作“墨辩”或“墨经”，着重阐述墨家的认识论和其逻辑思想，包含了许多自然科学的内容，主要反映了后期墨家的思想。

西汉时，刘向曾把墨子及墨家学派的著作汇编整理，共71篇，但六朝以后逐渐遗失，现在所传的《道藏》本共53篇，按内容，《墨子》一书可分五组：从《亲士》到《三辩》7篇为墨子早期著作，其中前3篇掺杂有儒家的理论，带有墨子早年的痕迹；后四篇主要是尚贤、天志、尚同、节用、非乐等理论。从《尚贤上》到《非儒下》24篇为一组，系统地反映出墨子“兼爱”、“非攻”、“尚贤”、“尚同”、“节葬”、“节用”、“非乐”、“明鬼”、“天志”、“非命”这十大命题，可以说是《墨子》一书的主体部分。《经》上、下，《经说》上、下及《大取》《小取》六篇，专说名辩和物理、光学等内容，前人因其称“经”，定为墨翟自著，实为后期墨家作品，这是研究墨家逻辑思想和科学技术成就的珍贵资料。《耕柱》至《公输》五篇是墨子言行的记录，体例与《论语》相似，是由墨子弟子们辑录，也是研究墨子事迹的宝贵资料。《备城门》以下到末20篇，专讲城防制度与守城技巧，这是研究墨家军事学术的重要资料。

《墨子》内容广泛，涵盖了政治、军事、伦理、逻辑、哲学、科技等方面，西晋鲁胜、乐壹都为《墨子》一书作过注释，可惜已经散佚。现在的通行本有孙诒让的《墨子闲诂》，以及《诸子集成》所收录的版本。

墨家和儒家在社会伦理方面都主张关爱他人，但墨家反对儒家强调的等级观念。墨家提出“兼相爱，交相利”，即不分等级地爱，并以“尚贤”、“尚同”、“节用”作为治国方针。墨家站在下层民众的立场，提出了“非攻”的主张，反对当时的兼并战争。墨家学派还主张“非命”、“天志”、“明鬼”，一方面否定天命的决定性意义，同时又承认鬼神的存在。

墨子认为，社会之所以出现动乱，根本原因就是人们不能平等地相爱，而儒家所强调的等级观念正是最大的障碍。因此，墨家提出了“兼相爱，交相利”的观点，提倡不受等级地位限制的爱，这就是“兼爱”，也是墨家学派的核心思想。墨家把兼爱与实现人与人之间的平等互利相联系，表现出对功利的重视。

墨子认为他提出墨家的一切主张都以兼爱为出发点，他希望通过兼爱实现社会的和平安定，这种想法过于理想化，在注重等级的我国古代社会，是不可能成为现实的。但他批判了已经濒于崩溃的宗法等级制度，在同时代的思想学说中仍然极具进步性。

反对墨家的人认为，兼爱诚然很好，可惜只是空想，难以实施。墨子对此予以反驳，墨者连“赴火蹈刃”都能做到，没有什么比这更难做到的了，而且“爱人者人恒爱之”，兼爱对每个人都有好处，所以是可行的。墨子认为，如果统治者像奖励战死沙场的壮举那样奖励兼爱，像惩罚临阵脱逃的行为那样惩罚不兼爱，那么人民哪有不趋向兼爱的道理?

在墨子的政治理想中，圣贤治理着天下，民众“兼相爱，交相利”，“有余力以相劳，有余财以相分”，“老而无妻子者有所待养以终其寿，幼弱孤童之无父母者有所放依以长其身”，在这样的社会里，没有贫富差异，没有等级尊卑，没有嫉妒，也没有争夺。

墨子对兼爱的解释是：“视人之国，若视其国；视人之家，若视其家；视人之身，若视其身。是故诸侯相爱，则不野战；家主相爱，则不相篡；人与人相爱，则不相贼；君臣相爱，则惠忠；父子相爱，则慈孝；兄弟相爱，则和调。天下之人皆相爱，强不执弱，众不劫寡，富不侮贫，贵不傲贱，诈不欺愚，凡天下祸篡怨恨，可使毋起者，以相爱生也，是以仁者誉之。”很显然，墨子的兼爱思想深受儒家影响，却又远远地超越了儒家的等级界限。墨子指出，先秦社会之所以失范，在于人与人之间不“兼相爱”，“是故诸侯不相爱则必野战，家主不相爱则必相篡，人与人不相爱则必相贼，君臣不相爱则不惠忠，父子不相爱则不慈孝，兄弟不相爱则不和调”。同理，自私自利也是世道混乱的重要原因，如“亏父而自利”、“亏子而自利”、“亏兄而自利”、“亏弟而自利”、“亏君而自利”、“亏臣而自利”、“乱异家以利其家”、“攻异国以利其国”等损人利己的行为，都是自私自利的重要表现。这些恶行产生的直接后果就是“强必执弱、富必侮贫、贵必傲贱、诈必欺愚”。

墨子的学说虽然有些理想化，但是却带功利性的一面，认为兼爱主要是通过把爱与利加以贯通而实现的，早期儒家也提倡利与义的统一，却不像墨家这样直白地强调利益。

主张“兼爱”的墨子，以“兴天下之利，除天下之害”为己任，所以墨者的言论行为，皆以国家、百姓的利益为准绳。春秋战国时期，战乱频繁，在这种情况下，土地荒芜，饿殍遍野是很常见的现象，人民渴望尽早结束战乱局面。墨子站在小生产者及广大百姓的立场上，提出了“非攻”的主张，这就是墨子的另一重要政治主张。

自古以来，战争的最大受害者始终是民众。墨子为实现“非攻”提出了一系列对策。

墨子指出，进攻区区方圆三里的城，七里的郭，则“杀人多必数于万，寡必数于千”，可见战争是非常残酷的。在《非攻》篇里，墨子连用八个“不可胜数”，揭露了战争的残酷性。他指出，战争除大量残杀生灵之外，还会使百姓贻误农时、受冻挨饿、感染疫病，因此，战争还会间接地杀死更多人。然而，统治者为了自身的利益，根本不顾人民死活，屡屡发动战争。统治者发动战争，不是为了权力，就是为了财富，其掠夺性是显而易见的。发动战争的统治者，首先掠夺的是本国人民，因为要备战，就必须榨取更多的财富，也就是“厚作敛于百姓，暴夺民衣食之财”。因此，孟子说：“春秋无义战。”《春秋》所载的200多年间，弑君36，亡国52。到战国中期，诸侯国的数量又从春秋时期的150余个锐减到万乘之国7个，千乘之国5个。战争攻战之激烈的程度由此可见一斑。

墨子在《非攻》篇中以统治者的口吻说：“我贪伐胜之名，及得之利，故为之。”这种描述彻底地揭露了统治者借战争以利己的嘴脸。墨子认为统治者在战争中得到的东西，反而不如他丧失的东西多。为了侵占多余的土地，而牺牲了众多的生命，消耗了大量的钱财。有些君主常常说，他是想在天下树立“义”的美名，以“德”求得霸业。墨子对此予以深刻的批判，他认为，如果把发动战争的费用和精力用于治国，效果必定更好，军队将成为无敌之师，民心也会自然归附，这才合于“天下之利”。墨子用晋国的智伯因骄横而败与弱于自己的赵襄子的事实，驳斥了鼓吹“仁义”和拥有强大兵力就能取胜的论调。墨子指出，当今诸侯大多以“义”为虚名，根本没有体察到其中的真谛，这就像瞎子不能分辨黑白一样。

墨子说："利人乎，即为；不利人乎，即止。"战争对人民是没有任何利益可言，所以应坚决制止。与老子的反战思想不同，墨子反对一切战争，是个寝兵主义者，但他主张"诛灭无道之君"，这一点符合"利人"的原则。

墨子以"兼相爱，交相利"为出发点的，主张尚贤。

在春秋战国时期，"尚贤"是个颇具争议性的问题，不少学派反对尚贤。道家主张"绝圣弃智"，认为尚贤是社会纷争的重要原因之一，所以提出"不尚贤，使民不争"；法家主张加强君权，认为任用贤能之人只能威胁君主的权威，所以也反对尚贤。战国时期，百家争鸣，人才辈出，所以更多的学者还是主张尚贤的。儒家认为只要具备高尚的道德，并精通六艺，就可以为官，坚定地主张举贤才。

战国初期，很多国君都励精图治，打算把国家治理好，但往往事与愿违。《墨子·尚贤》中说："今者王公大人为政于国家者，皆欲国家之富，人民之众，刑政之治。然而不得富而得贫，不得众而得寡，不得治而得乱，则是本失其所欲，得其所恶。是其故何也？子墨子言曰：是在王公大人为政于国家者，不能以尚贤事能为政也。"墨子总结王公大人在治国方面得不到预期效果的根本原因是不尚贤，他说：

“今王公大人，有一衣裳不能制也，必藉良工，有一牛羊不能杀也，必藉良宰，故当若之二物者，王公大人未知以尚贤使能为政也。”意思是说，王公贵族知道任用“良工”为他们制作衣服，也知道任用“良宰”为他们宰杀牛羊，可就是不懂得任用贤者可以帮助他们治理国家的道理。西周以来的世卿世禄制在战国初期仍然残留，旧贵族任人唯亲的现象还是非常普遍的，这是统治者不尚贤的重要原因。墨子敏锐地察觉到了这一问题，他说：“亲戚则使之，无故富贵，面目佼好则使之，无故富贵。”统治者仅凭私人关系和主观好恶来任命官吏，使一些无才无德之人无缘无故就获得富贵，这就是国家昏乱的重要原因。

墨子的尚贤主张与兼爱一样，是不分等级尊卑和血缘亲疏的，主张任人唯贤、唯才是举。儒家虽然也强调尚贤的重要性，但是宗法等级和血缘关系等因素使其不能完全抛弃世卿世禄制度。因此，墨子的尚贤主张比儒家更激进、更进步。

然而，墨子没有系统地阐述如何选贤，也没有解释贤的标准是什么。国家选拔人才要通过一定的制度来实现，可是墨子基本没有提及制度问题，在宗法观念根深蒂固的当时，单方面要求统治者“不党父兄”、“不偏富贵”是不现实的。因此，墨子的尚贤主张仍然是理想主义的。

墨子还有一项理想主义化的主张，就是节用。节俭是中华民族的传统美德，春秋战国时期，就有不少思想家提倡节俭，而墨子的“节用”主张是这其中最为彻底的，甚至有些极端。墨子不但强调节省开支、从俭治丧，甚至提出要废除音乐。他所认为的节俭的标准就是满足温饱就足够了。这种观点，既是针对当时社会的某些弊病提出来的，也是受墨者清苦生活的影响有感而发的。

在墨子生活的时代，即春秋战国之交，社会生产力大幅度提高，社会财富不断增加。财富的增加促使统治者愈益残暴地掠夺，肆无忌惮地挥霍，毫无节制地放纵，而广大民众仍然生活在水深火热之中。王侯贵族们居住着装潢奢华的宫室台榭，身穿华美的衣裳，品尝着数不尽的美酒佳肴，出行时乘坐着轻便坚固且被装饰得五颜六色的銮舆。他们还劫掠民间女子以供自己淫乐，并命令规模庞大的宫廷乐队“撞巨钟、击鸣鼓、弹琴瑟，吹竽笙”。统治者们不但活着时如此，死后也要穿上绫罗绸缎，在棺椁中放置贵重精美的陪葬品，埋在被秀丽的风景环抱的巨大的墓穴里。这些无不加重了人民的负担，出身于小生产者的墨子提出了“节用”的主张，其中还包括“节葬”和“非乐”等内容。

墨子指出，上古时代，圣人教人们建造房屋、织布制衣、耕作播种，还发明舟车供人远行。奢侈毫无实际意义，是圣人所不为的，正因为圣人讲究节用，所以人民安居乐业，天下大治。

节用在任何时代都具有积极意义，但墨子的这一主张仍然过于理想化，从而夸大了节用对改造社会所能产生的效用。生产、分配和消费是社会经济的三个重要环节，墨子忽视了最为根本的生产环节，而片面强调节用，可说是本末倒置了。如果忽视生产而过分追求节约，不但不会增加财富的积累，而且有可能会阻碍社会生产力的发展。

除了“节用”，墨家还倡导“尚同”，以此来消弭社会等级差别，因此与“兼爱”一样，受到儒家的猛烈抨击。

墨子认为，天子、三公、诸侯、将军、大夫，甚至和乡里之长，都是上天按照天下所公认的选贤标准选出来的，所有社会成员都应该自下而上遵从于天子之“义”，并且“上有过，规谏之”。社会成员的意愿层层上达，最终使天子及各级官吏都能做到按共同的“义”行事，从而实现“天下治”。这种主张就是“尚同”。天子的行为是否合于天下之“义”，必须根据他是否同于上天而定，这就阻断了独夫当国局面出现的可能性。墨子说：“夫既尚同于天子，而未尚同乎天者，则天灾将犹未止也。故当若夫寒热不节，雪霜雨露不时，五谷不熟，六畜不遂，疾灾戾疫，飘风苦雨，荐臻而至者，此天之降罚也，将以罚下之人之不尚同于天者也。”在这里，尚同带有一些“天人感应”的色彩。

墨子尊天明鬼，主张效法上天，遵从天意，提出“一同天下之义”的观点，以此来倡导“兼相爱，交相利”的核心政治理想，追求全天下的人类大同，消除等级差别。尚同与尚贤相辅相成，墨子认为，政令不统一，只能导致社会纷乱。尚同与尚贤一样，都是“为政之本”。墨子的尚同思想是高度的集权主义理论，实施自上而下的控制与管理，但与孟子和法家描述的集权政治还是有本质区别的，因为儒家强调“礼”，与尚同相矛盾，法家则不主张君主服从某种道德准则。尚同要求一切统一于上级，从组织系统的领导关系到思想意识，都要绝对地统一于上级，服从于上级，绝对不许反其道而行之，墨家巨子的权威就是如此。墨子认为，由于人的行为受思想意识支配，所以没有思想的统一，就不能有行动的一致，墨子主张的“一同天下之义”，就是要求将人们的思想统一起来。墨子认为，尚同是治理国家的根本方略，只要统治者对人民“疾爱而使之，致信而持之，富贵以导其前，明罚以率其后”，就一定能统一全国的思想，实现人民安居乐业的天下大治局面。

刑名权术——法家

法家也是百家中特别重要的一家。他们主张以法治国，“不别亲疏，不殊贵贱，一断于法”，故称之为法家。法家是历代封建统治阶级的核心指导思想，有“阳儒阴法”的说法。汉宣帝就曾说汉家制度乃是“霸王道杂之”。

1. 法家的思想来源

西周时期，社会秩序的维持主要是通过礼和刑来实现的，二者相互配合。违反了礼的贵族，往往要受到贬降爵位、削除封地的惩罚。对于抗拒惩罚的贵族，天子就可以号召诸侯对其予以讨伐，并以刑来惩治。礼有明文规定，刑却不能公之于众，因为“刑不可知，则威不可测”。到了春秋战国时期，“礼崩乐坏”，旧的社会格局逐渐被打破，诸侯之间相互征伐、兼并，新兴权贵崛起，以下犯上、夺权篡位的事件层出不穷。由于“霸道”备受推崇，建立中央集权统治就越来越适应时代的发展需要。面对这样的形势，众多士人都各自提出了力图解决当前社会问题的主张。统治者并不关心如何谋求民众的安居乐业，而是迫切地想缓解频繁的争霸和兼并战争带来的统治压力。新兴权贵也希望借助新法巩固自己刚得到的权位和利益。就这样，主张法治和集权的法家登上了历史的舞台。

郑简公三十年（前536），郑国大夫子产将法令铸在鼎上公之于众。晋顷公十三年（前513），晋国大夫范宣子也以铸刑鼎的形式公布了成文法。法家主张“循名责实”，铸刑鼎让治理国家有了法律依据。

在历史观上，法家也不同于同时代的其他学派，儒、墨、道是春秋战国时期影响力较大的学派，虽然思想主张各有不同，但是都认为历史在逐渐退化，今不如昔，他们的最高理想是回到古时候的圣人时代。法家则认为，每个时代的变化都有其特定原因，因此只能积极地应对当前的社会现实。韩非指出，远古时代“人民少而财有余，故民不争”，这种说法是基本符合历史发展的事实的，他接着说：“今人有五子不为多，子又有五子，大父未死而有二十五孙。是以人民众而货财寡，事力劳而供养薄，故民争。”人口的增长必定导致物资的相对匮乏，从而引起纷争。商鞅、韩非都不主张遵循古法，韩非将法古的做法比作守株待兔的愚蠢行为。

法家的政治主张包括制定法律和加强君权两大部分，在人性方面，持人性好利的性恶论观点。“法者，编著之图籍，设之于官府，而布之于百姓者也。”法律的作用是约束百姓的行为。在阐述加强君权的问题时，法家提出君主需要掌握一套驾驭臣民的权术：“为人臣者陈而言，君以其言授之事，专以其事责其功。功当其事，事当其言，则赏；功不当其事，事不当其言，则罚。”君主要将臣下的生杀大权掌握在自己的手中，只有这样，才能永远居于至尊之位。受性恶论影响，法家否定教化的作用，而是主张从实际出发，制定法律，配以君主的权术与威势，驾驭臣民。

法家的思想来源比较复杂，既受到管仲、子产等主张法治的政治家的影响，又借鉴了其他学派的政治思想。

维护礼制的儒家反对颁布成文法，更反对以严刑酷法治国。然而子夏、荀子都是带有法家色彩的儒家，魏文侯时期的李悝、吴起都曾受教于子夏，战国末期的韩非、李斯则是荀子的门徒。

道家认为“法令滋彰，盗贼多有”，“多言数穷，不如守中”，鲜明地反对严刑苛政，不过战国时期发展起来的法家却从春秋时期的老子的思想中汲取了很多营养。稷下派道家较早地尝试将老子哲学与法治理论紧密结合，对主张道法合一的黄老之术的形成产生了巨大的影响。慎到、申不害分别从“清静无为”思想中提取出势和术的学说，认为君主无为而治是指把政务交给大臣处理，而自己则掌握威慑大臣之势和驾驭大臣之术。法家的集大成者韩非对老子也有深入的研究，并著有《解老》《喻老》，以法家思想解释老子学说。老子说：“国之利器不可以示人。”韩非解释说：“赏罚者，邦之利器也，在君则制臣，在臣则胜君。”韩非认为，国之利器就是术和势。

2. 战国时期各国的变法

春秋时期，社会生产力大幅度提高，私田的大量产生破坏了周王朝固有的土地赋税制度，各诸侯国先后采取措施，承认私田的合法化，如鲁国在公元前594年实行“初税亩”。经济的快速发展以及战争规模的日益扩大，使各诸侯国越来越重视人的力量，商周以来的人牲、人殉制度也逐渐被摒弃。

战国是变革的时代，铁制农具的使用和牛耕技术的推广，导致“溥天之下，莫非王土”的原有土地制度，逐步被新的土地私有制所取代，新兴地主的经济实力越来越大，于是要求在政治上进行改革。魏国的李悝变法、楚国的吴起变法、韩国的申不害变法、齐国的邹忌变法以及秦国的商鞅变法，都是在这种背景下发生，适应了生产力的发展需要，一定程度地加强了各诸侯国的实力。这些主持变法的人基本都是法家，他们的改革，也可以视为法家理论的政治实践。

最早开始变法的是魏国，赵、魏、韩三国由“三家分晋”而来，而魏国处在晋国中比较落后的地区，国土基本都处在中原腹地，东面是齐国，西面是秦国，南面是楚国，北面是赵国，魏国夹在中间，地利上的劣势十分明显；而且魏国内部经济上比不了韩国，外部军力上又不如赵国。当时诸侯间的征战日趋强烈，外部军事压力越来越大，在这种情况下，魏文侯任用法家人物李悝为相，变法图强。

李悝变法的主要内容有：政治上，废除奴隶制时代的世袭制度，官吏根据能力进行选拔，取消旧贵族原本享受的世袭俸禄，剩下的资金用来招募贤才，发展生产；经济上，主要实行尽地力、平籴法，对魏国农业生产发展的促进作用十分明显，魏国因此国富民强；军事上，对军事制度进行改革，建立“武卒”制，即考核军队的士兵，给予优秀者奖励，并且根据不同士兵的作战特点，重新编排他们的队排，发挥军队的作战优势；法律上，为了进一步实行变法，巩固变法成果，李悝汇集各国刑典，著成《法经》一书，以法律的形式对变法的成果予以肯定和保护。

魏国变法的成果显著，成为战国初期最强大的国家：灭中山国，取秦河西之地，连败秦、齐、楚诸强国，开拓大片了疆土。魏国霸业持续了百年之久。

李俚变法不仅揭开了战国时期变法运动的序幕，而且在魏国第一个确立了土地私有制和个体小农经济制，这是中国历史上封建制度正式确立的标志。李悝变法在中国历史上的影响十分深远，后来的商鞅变法、吴起变法都深受李悝变法的影响。

战国时第二个变法的国家是楚国，领导楚国变法的是吴起，他本人就曾参与魏国的李悝变法。任用李悝变法的魏文侯的礼贤下士，在当时产生了很大的影响，吸引了一些立志功名的人，这里面就有吴起，随后在李悝的推荐下，吴起被魏文侯任命为将，并连立大功。吴起在在西河郡进行了军事改革，他对魏国的最大贡献就是打造出了实力强大的军队——“魏武卒”。但是魏文侯去世之后，即位的魏武侯对吴起产生猜忌，迫使吴起离开魏国转投楚国去了。

楚悼王平素听说吴起很有才能，于是任命刚到楚国的吴起为相。于是吴起开始在楚国组织变法，主要内容有：

“明法审令”，实行法治。他制定了法令，公布于众；减爵禄，进而废除贵族世卿世禄制。对于那些没有什么功劳的贵族及其后代，实行均其爵、平其禄政策，对立有军功和其他有功人员则授予他们爵禄；整顿吏治。吴起在废除贵族特权的同时，又削弱大臣威权，禁止大官结党营私，对尽忠守职的官员予以奖励，鼓励不超越所规定的权力；杜绝权门请托之风，要求官吏公私分明，言行端正，不计较个人得失，裁减冗官，选贤任能，将那些无能无用之辈罢除；加强军队中的军事训练，提高军队战斗力。注意耕战并重，亦兵亦农，禁止丁民游手好闲，不务耕作。在此同时，收减百官和封君子孙的俸禄，以保证军队得到给养，加强训练。

吴起变法在一定程度上发挥了富国强兵的作用，变法后的楚国经济、军事等方面有了一定的发展，国力逐渐强盛，特别是在军事上，楚人“兵震天下，威服诸侯”。此外，吴起变法的思想和理念也对秦国的商鞅变法产生了间接的影响。

不过吴起的变法触动了权贵集团的利益，遭到楚国旧贵族的反对。公元前381年，楚悼王病死，旧贵族发动叛乱，将王宫包围，吴起伏在楚悼王的尸体上，依然被乱箭射死，变法中的政令多被废止，变法运动宣告失败。

吴起变法虽然失败，但变法却在楚国贵族政治中激起了巨大的波澜。吴起变法所采取的各项措施在楚国的政治生活留下了深刻的影响。

三晋当中最弱的国家是韩国，而且夹在秦、魏、楚等强国中间。韩昭侯继位后，韩国多次受到秦、魏等国的进攻，损失惨重。韩昭侯决心励精图治，以变法改革来强大自己。

申不害除了与其他法家人物一样主张法治外，还强调君主的统治之“术”，即任用、监督、考核臣下的方法。他认为君主委任官吏，要以他们是否名副其实，工作是否称职，言行是否一致，对君主是否忠诚为标准。申不害主张加强君权，所以特别强调君主要暗中用“术”，不让臣子知道，这就形成了一种权术，从而保证君主的权威不至于旁落。但是，申不害之“术”的理论并不十分严密，这导致臣下也常常运用权术来应付君主，使韩国的大臣变得老奸巨猾。

据《史记》记载，申不害在韩国为相十几年，社会安定，国力强盛。公元前353年，韩国进攻由周王室分裂出来的一个小国东周国，占领了陵观、刑丘、高都、利等地区，公元前346年韩魏联军又攻取了楚国的上蔡。可见，申不害的所主持的变法，还是在一定程度上达到了富国强兵的目的。

公元前337年，申不害在韩国都城郑（今河南新郑）逝世，留下《申子》一书，但今已失传，现在只能从古人引用的零章断句中寻找原书的内容了，其中唐朝时编纂的《群书治要》卷三六较完整地引用了《申子·大体》一篇。

但是，申不害的改革具有很大的局限性。他所实行的改革主要是实习和运用驭臣之术，推行国君独裁，并没有改革韩国的政治经济军事等方面。韩非子曾对韩国的改革做如下批评："故托万乘之劲，韩十七年而不至于霸王者，虽用术于上，法不勤饰于官之患也。"这样，申不害的改革只能使韩国强大一时，而随着申不害、韩昭侯的相继去世，韩国迅速走向了下坡路，重新陷入了内忧外患之中，始终未能从根本上扭转衰弱的局势，公元前230年，战国七雄中第一个被秦国所灭。

战国中期，东方的齐国也进行了改革，领导者主要是齐威王和邹忌，齐威王能够虚心接受臣下意见，注意选拔人才，除去不称职的奸吏，奖励有功的将领和官吏，这些政策都是法家的主张。统治秩序得到了巩固之后，再谋求国家的富强，这一系列的举措对社会生产的发展是十分有利的。经过一番改革后，齐国在政治、经济上都有了一个新的提升，成为战国时期的强国之一。

而在战国时期各国变法中，最彻底，也是最有成效的，是秦国的商鞅变法。

商鞅，战国时期卫国（今河南濮阳）人，著名政治家、思想家，早期法家代表人物。商鞅是卫国公室后裔，初名卫鞅或公孙鞅，后至秦国主持变法，使秦国由弱变强，被秦孝公封为商君，所以又被称为商鞅。

史料记载，商鞅“少好刑名之学”，专门研究以法治国，受李悝、吴起等人的影响很大。他曾是魏国大臣公叔痤的家臣，公叔痤病重时对魏惠王说：“公孙鞅年少有奇才，可任用为相。”可是魏惠王不喜欢法家，于是公叔痤又说：“王既不用公孙鞅，必杀之，勿令出境。”商鞅得知此事后就逃出了魏国。此时秦孝公立志振兴秦国，发布求贤令，商鞅便带着李悝的《法经》到秦国去。他通过结交秦孝公的近臣景监获得被接见的机会。第一次见秦孝公，商鞅谈论的是类似黄老之术的帝道，没有受到重视。第二次，商鞅又谈论类似儒家思想的王道，也没有引起秦孝公的重视。第三次，商鞅谈论霸道，献变法治国之策，终获秦孝公认可，并被任命为左庶长，开始主持变法，后来升任大良造。

公元前 359 年，旧贵族甘龙、杜挚公开反对变法，他们认为“法古无过，循礼无邪”。商鞅针锋相对地指出：“前世不同教，何古之法？帝王不相复，何礼之循？”他坚决反对遵循古法旧礼，认为社会在发展，制度不能一成不变。他又说："治世不一道，便国不法古，故汤武不循礼而王，夏殷不易礼而亡。反古者不可非，而循礼者不足多。"在秦孝公的支持下，变法顺利地开展起来。

公元前356年和公元前350年，商鞅先后两次实行变法，内容为废井田开阡陌、废封建行县制、奖励耕战、实行连坐之法。商鞅的改革措施触犯了旧贵族的利益，于是有人鼓动太子驷犯法，商鞅说："法之不行，自上犯之。"他惩罚了太傅公子虔与太子的老师公孙贾。公元前346年，公子虔再度犯法，商鞅对其施以割鼻之刑。

变法以后，秦国国力日益强大。公元前340年，商鞅率秦赵联军击败魏军，迫使魏国割让河西之地与秦国，此时魏惠王愤怒地说："寡人恨不用公叔痤之言也。"而秦孝公则封商鞅为商君，封地包括十五座城邑。

然而商鞅的法律太过严苛，主张轻罪重罚，在秦国积怨太深。公元前338年，秦孝公病逝，太子驷即位，公子虔立即告商鞅谋反。商鞅逃亡至边关，想在客栈借宿，结果店家说商君之法规定禁止留宿没有许可证的人，违者处以连坐之刑，可以说是"作茧自缚"。商鞅只能回到封地，发兵抵抗，结果战败，被处以车裂之刑。

商鞅死了，商鞅之法由于深入人心，并没有被废除，太子驷因此得以成为秦国第一个称王的国君，即惠文王。商鞅变法让秦国一改往日贫穷落后的面貌，一跃成为令东方诸侯胆寒的虎狼之国，为最终一统六国打下了基础。

3. 法家理论——法术势

战国初期的，李悝、商鞅、申不害、慎到等开创了法家学说。其中商鞅、慎到、申不害三人分别偏重法、势、术，而有各自不同的特点。法是用严刑峻法治理国家；势是主张发挥君主的权威，大权独揽；术就是用帝王之术，驾驭群臣，维护君主地位。到了战国末期，韩非集商鞅的“法”、慎到的“势”和申不害的“术”等法家学说之大成，完成了法家学说的理论系统。

“法”这个字最开始写作“灋”，由“水”、“廌”、“去”三部分组成。廌，就是獬豸，是神话传说中的一种神兽，能辨别曲直，在断案时，它能用角去撞触理屈的人。《说文解字》上说：“灋，刑也。平之如水，从水。廌所以触不直者去之，从去。”可知，法的本义就是刑名、法律。

西周以来实行的礼乐制度，是贵族内部的行为准则，刑法是不对百姓公开的。春秋时期，新兴地主逐渐登上历史舞台，他们主张颁布成文法，打破原有的法律的秘密状态，打击了旧贵族垄断法律、掌握生杀予夺大权的局面。

在我国历史上，首次公布成文法的是郑国的子产。公元前536年，郑国当权者子产顺应时势，“铸刑书于鼎”，将法律条文公布于众。这样就保证了法律将被贯彻执行，其运作将有高度的可预见性，而不会被官员恣意运用。这种做法虽然合乎时代发展的需要，却触犯了旧贵族的利益。晋国的叔向写信给子产说：“弃礼而征于书，锥刀之末，将尽争之。”叔向认为，人们一旦知道了刑书的条文，就不会再看重道德，遵守礼仪，而是会去琢磨如何钻法律条文中的空子。而且法律一旦公布，社会舆论就会对官员产生一股强大的监督力，这是叔向这样的旧贵族所不能容忍的。

但是潮流不可遏止，公元前513年冬，晋国的赵鞅、荀寅将范宣子制定的刑书铸在鼎上。孔子评价说：“今弃是度也，而为刑鼎。民在鼎矣！何以尊贵？贵何业之守？贵贱无序，何以为国？”如果说叔向反对的是把法律条文公诸于众，那么孔子则干脆直接反对法治，认为这种做法是一种无视贵贱之分的礼坏乐崩的行为。

铸刑书，公布成文法，否定了“刑不可知，则威不可测”的旧有制度，为日后各诸侯国开展变法运动奠定了基础。到了战国时期，李悝、吴起、申不害、商鞅在推行变法改革的同时，都相继公布了成文法。

法家重视法治，反对儒家的“礼”。他们认为，土地私有和按功劳与才干授予官职的做法是无可厚非的，而维护贵族特权等级的礼是保守的，也是不公平的。儒家认为，颁布成文法将会导致社会纷争愈演愈烈，但法家却认为这样做反而会“定分止争”，也就是明确物的所有权。韩非说：“一兔走，百人追之。积兔于市，过而不顾。非不欲兔，分定不可争也。”意思是说，一个兔子跑，很多的人去追，但对于集市上卖的成批的兔子，却看也不看，这不是说那些人不想要兔子，而是市场上的兔子所有权已经确定，不能再争夺了。

商鞅偏重的是“法”，而与他基本同时代的申不害最早提出了“术”，后来由韩非进行了系统化的发展。术的中心思想是“因任而授官，循名而责实，操杀生之柄，课群臣之能”，包括任免、考核臣下的方法和操控驾驭臣下的手段。

法家认为法是公开的，而术却是藏在君主心中的，君主掌握了术，就可使“群臣守职，百官有常”，实现统治阶级内部秩序的正常运转。所以，术是保证法顺利实施的必不可少的条件。

术治理论受到道家影响较深，申不害、慎到以及韩非无不对老子学说有深入的研究。老子认为宇宙间的本质是“静”，在治国理念方面的表现就是“无为”。申不害和韩非把这些学说解释为君主心中应暗藏统御群臣的权术，外在表现为“静”。法家也提倡“绝圣弃智”，认为圣贤会威胁君主的统治，因此，君主应该通过掌握“权术”实现“柔弱胜刚强”，“无为”决不是要求君主无所作为，指的是君主决策前的一种姿态，这种姿态往往更具威慑力。申不害说：“君如身，臣如手。”君主要像控制自己的手那样自如地驾驭群臣。

春秋战国时期，臣下弑君的事情时有发生。申不害通过这些事情看到，君主的主要威胁并不来自民众和敌国，而是来自大臣。他认为，君主有了法还不够，必须以术作为补充，不然法就会变得威严而不受用，刻板而不通达。如果以术治辅助法治，以静制动，臣下就会慑服。申不害的术分两类，一类是控制术，另一类是权术。

玩弄权术，当然不是从申不害开始的，但他是第一个将权术上升到理论高度的人，这在宫廷和官场的政治斗争中，很受历代统治者的推崇。但从本质上说，术治无益于稳固政权，因为既然有君主的驭臣之术，就必定有臣子的欺君之法，这样尔虞我诈下去，更加剧了政权的不稳定性。

慎到是与孟子同时代的赵国人、法家代表人物，在他的法治思想之中，君主的权势被放在了第一位，认为“尊君”乃是“尚法”的前提。慎到认为，法令的制定者应该是君主，执法的关键和主体还是君主，因此君主的作用在法治的过程中显得尤为重要。他提出了君主与臣下、君主与人民两对关系的处理原则。慎到指出，从政治国和推行法治的关键不在于君主是否具备高尚的道德和卓越的才能，而取决于君主权势的大小，因而他对权势的重要性及其运用方法提出了自己独到的见解，这就是关于“势”的理论。总之，慎到的“尊君”、“贵势”和“尚法”都有其独到之处。“尊君”注重权力的集中；“贵势”在于法治的推行；“尚法”强调公正无偏私。

慎到的“势”主要指权势、威势。慎到认为，君主必须重视权势，只有牢牢地掌握了“势”，才能做到令行禁止。

在慎到看来，法和势是相辅相成的，势是前提，法是手段。《慎子·君人》中说："大君任法而弗躬，则事断于法矣。"就是说，君主实行法治就要将权势牢牢掌握在手中，否则法治只会断送自己的事业。《韩非子·难势》引用慎到的话说："飞龙乘云，腾蛇游雾。云罢雾霁，而龙蛇与螾蚁岂同矣，则失其所乘也。"大意是说，龙蛇腾跃，主要是凭借云雾之势，一旦云雾消散，龙蛇就与地上的蚯蚓蚂蚁没什么区别了了。君主治国之道也是如此，关键正在于能否掌握威势。

韩非对慎到的"势"理论进行了升华，他说："势者，胜众之资也。"人性好利，臣民不可能甘心宾服，忠心耿耿地事于君主，只是"缚于势而不得不事"而已。君主正因为掌握着全国财富的支配大权和臣民的生杀大权，这是他们先天具有的"自然之势"，如果再拥有控制和威慑臣民的"人为之势"，那么君主就完全将权力掌控于自己的手中，不至于旁落。韩非主张将法、术、势相结合，形成了一种非道德主义的政治思想体系，成为法家的集大成者。

无独有偶，在西方历史上，也产生过和韩非子的思想体系类似的权术理论，如文艺复兴时期意大利政治思想家马基雅弗利在其名著《君主论》中就阐述过类似的理论，马基雅弗利同样认为，统治者为了实现一定的目的，可以不择手段；而在混乱、腐败的中世纪意大利，想要通过革新获得强大，一定要建立严密的法律来维护统治阶级的秩序；君主的统治也要依靠势力和权术，这些和韩非的法、术、势理论可谓异曲同工之妙。

在韩非手中完成了集大成的法家思想，对秦汉政治制度产生了深远的影响，但是其迷信法律的作用，认为人性都是追求利益的，没有道德标准可言，强调以威逼利诱的方法治理国家，所以，它也存在一些严重的缺陷。秦国的由弱变强和秦朝的盛极而衰淋漓尽致地反映了法家的优点和不足。

4. 法家的集大成者——韩非

法家的集大成者韩非（约前 280—前 233），出身韩国贵族，祖上为王室公子，但本人已经降为士，战国末期最有影响力的思想家之一，法家学说的集大成者。《史记》记载，韩非精于“刑名法术之学”，与李斯都曾受业于荀子，后来李斯去了秦国。韩非因为口吃而不善言谈，但文章出众，且著作颇丰，有《韩非子》55篇传世。

韩非目睹了战国后期韩国的积贫积弱，多次上书韩王要求改革，但其主张始终得不到采纳，激愤之下写出了《孤愤》《说林》《说难》等著作10万余言。这些书流传到秦国，秦王政读到这些文章时，大为叹服，并将韩非视为知己，竟以发兵攻打韩国的方式，迫使韩王让韩非为秦国效力。韩非到秦国后很受重用，引起了同学李斯的妒忌，李斯和姚贾居然到秦王面前诬陷他。由于韩非是韩国宗室，本人又不善言谈，终究没有获得信任，最后在狱中自杀。

韩非与商鞅一样，其政治主张并未因为自己的死而被废弃，秦王政实施了韩非的学说，并最终统一六国，建立了秦朝。韩非吸收了各家观点，以法家思想为根本，融合商鞅、申不害和慎到的主要学说，形成了以法、术、势为核心的政治思想体系，集法家之大成。韩非在把商鞅的法、申不害的术和慎到的势融为一体的同时，对这些学说加以批判和改进，他说："申子未尽于术，商君未尽于法。"在术的方面，韩非认为，君主对臣下，不能过于信任，要"审合刑名"。在法的方面，他特别强调了"以刑止刑"思想，强调严刑重罚。

虽然韩非的著作有很大一部分讲的是阴谋权术，但他第一次明确地提出了“法不阿贵”的思想，主张“刑过不避大臣，赏善不遗匹夫”。不过在韩非的法治体系中，君主的行为仍然不受任何法律的制约。韩非继承了商鞅和荀子的“性恶论”，他认为人与人之间的关系都是利益关系，人的心理无不是趋向利益的，君主的职责就在于利用“刑”、“德”，使民众在符合自己意志的基础上获利。

变法也是韩非思想中的一大重要内容，他继承了商鞅“治世不一道，便国不法古”的思想传统，提出“不期修古，不法常可”，主张“世异则事异”，“事异则备变”。韩非用进化的历史观点分析人类历史，认为不同时代有不同时代的问题和各自的解决问题的方法，那种想以老套的办法去解决当世问题的做法如同守株待兔。韩非的历史发展观在当时是进步的，他看到了人类历史的发展，并用这种发展的观点去分析人类社会的过去现在和将来。

韩非的法治思想适应了历史发展的需要，在中央集权制度的确立过程中起到了重要的理论指导作用。

韩非子虽然不善言辞，却善著书，《韩非子》就是他的著作。

《韩非子》这部书现存55篇，约10余万言，大部分为韩非自己的作品。当时，在中国思想界以儒家和墨家为代表，崇尚“法先王”和“复古”，韩非子的法家学说坚决反对复古，主张因时制宜。韩非子攻击主张“仁爱”的儒家学说，主张法治，提出重赏、重罚、重农、重战四个政策。他提倡君权神授，自秦以后，中国历代封建专制主义极权统治的建立，都不同程度地受到了韩非子学说的影响。

《韩非子》一书，重点宣扬了韩非法、术、势三者相结合的法治理论。这个理论的结合，达到了先秦法家理论的高峰，为秦统一六国提供了理论武器，同时，也为以后的封建专制提供了理论根据。

逻辑思辨——名家

春秋战国时期，战争频繁，动荡混乱，周朝的礼制可谓名存实亡，因此出现了一批以论辩“名”（名称、概念）、“实”（事实、实在）为主要学术活动的学者。他们就是名家。当时人称他们是“辩者”、“察士”或“刑（形）名家”，他们因善于辩论和语言分析而著称于世，西汉开始称其为“名家”。

1. 名家起源及代表人物

作为一个思想流派而言的“名家”，它的思想与现代汉语里所说的“名家”不同。这个“名”并不是有名或出名的意思，它指的主要是事物的名称和概念。

名家主张事物应该“名乎其实”，从而使天下一切事情走上正确的轨道。它说的“正名实”，就是“正彼此之是非，使名实相符”。名家着重辩论“名”与“实”之间的关系，属于逻辑学。这正是名家不同于其他各家之处。正式提出“名家”这个说法的是汉代重要学者司马谈，在他的名著《论六家要指》里，曾把先秦诸子学分成了六个学派，其中就包括“名家”在内。名家的代表人物有惠施、公孙龙等等。

惠施，与庄子同时代，宋国（今河南商丘）人，是战国时期名家的代表人物，著名政治家、辩论家和哲学家。由于惠施的著作没有能够流传下来，所以他的哲学思想大多都是通过其他人的转述而被后人所知的。其中最重要的是他的朋友庄子在自己的著作中多次提到的他的思想，诸如“历物十事”等。惠施主张广泛地分析世界上的事物和从中总结出世界的规律。除《庄子》之外，《荀子》《韩非子》《吕氏春秋》等书中也有对他思想的记载。

惠施常与庄子辩论，“无用之用”、“鼓盆而歌”成为广为流传的故事。《庄子·天下》记载，惠施认为“物方生方死”，这种思想与庄子的相对主义哲学很相似。

公孙龙，战国时期赵国人，名家离坚白派的代表人物，由于资料较少，他的生平事迹已经无法详知。

公孙龙曾长时间做赵国平原君的门客。反对兼并战争，说服燕昭王息兵，批评赵国攻齐，而为赵国反对秦国攻魏辩解。以诡辩闻名，可以说是邓析之后真正的集古代诡辩学派之大成的代表人物，但能“困百家之知，穷众口之辩”，而“不能服人之心”。在“坚白同异”的辩论中，与惠施一派对立，属“离坚白”派。

关于公孙龙之才，《吕氏春秋 · 审应览》有记载，但真正使其闻名天下的，并不是他消除战争的主张，而是他著名的“白马非马”论。“白马非马”论并不是公孙龙首创，据《韩非子 · 外储说左上》记载：“兒说，宋人，善辩者也，持‘白马非马’也，服齐稷下之辩者。乘白马而过关，则顾白马之赋。”但白马非马这一论题经过公孙龙的详细论证之后，成为了显赫一时的辩题。公孙龙“白马非马”论虽然有它自身一定的合理性和开创性，也符合辩证法讲的个别与一般相区别的原理，更有纠正当时名实混乱的作用。但是，他沿着同样的原理随后提出的“鸡三足”、“火不热”等其他辩说确有走火入魔的嫌疑，已坠入“诡辩”的深渊中不能自拔。怪不得荀子要斥他为“此惑于用名以乱实也。”邹衍要批评他是“害大道”、“不能无害君子”。

公孙龙观察事物时，虽然把个别与一般用“离”的观点绝对化，只见离而不见合，不符合辩证法的“个别存在于一般之中”的观点，但他能够独辟蹊径，开辟逻辑领域，建立逻辑学的理论体系，这点有助于百家争鸣的发展。中国历史上多数学派只看重政治伦理，而不懂逻辑学，甚至不承认这门学问的存在，都是以政治伦理的观念来批评公孙龙的逻辑思想，直到近世，人们才承认并重视公孙龙辩学对象逻辑的问题。

公孙龙的主要思想，保存在《公孙龙子》一书当中。《汉书·艺文志》收录有名家《公孙龙子》14篇，现存6篇。后人汇集公孙龙的生平言行写成的传略称为《迹府》，其余五篇分别是:《白马论》《坚白论》《通变论》《名实论》《指物论》。《庄子·天下》对公孙龙等名家的思想也有一定描述。

名家“正名实”的方法，主要是以逻辑原理来分析事物，而辩论的内容，又大多与政治实务无关的哲学问题。因此，名家的学说在中国5000年来的学术沿传过程中，一直背着一个“诡辩”的恶名。而秦始皇统一六国之后，名家即日渐衰微，这其中除了秦始皇禁止私学、汉武帝“罢黜百家、独尊儒术”的原因之外，也和名辩之学自身的缺陷有关。首先名辩之学和秦汉以来的中国主流文化精神不一致，儒家成为显学之后，士大夫都关注社会伦理，强调经世致用，名辩之学被视为纯粹为了争胜的无用之学；而名辩之学本身就相当艰涩难懂，也影响了自身的发展，名家学派难以为继也就在所难免了。

2. 名家学派的主要辩题

和儒家、道家、墨家等相比，名家作为一个学派，并无共同的主张，而仅限于研究对象的相同，但各个说法差异很大。这时主要有“合同异”和“离坚白”两派。

所谓“合同异”，即认为万物之“同”与“异”都是相对而言的，皆可“合”其“同”、“异”而一体视之。这一派以宋国人惠施为代表，惠施提出了著名的“历物十事”，即“天与地卑，山与泽平”、“泛爱万物，天地一体”等十个命题，与庄子的“齐物论”有很多相似的地方，都认为万物齐一。

惠施认为一切事物的差别和对立都是相对的，强调差异之中有同一，并以“天与地卑，山与泽平”、“物方生方死”、“日方中方睨”等命题来进行论证，对古代逻辑思想的发展有一定的贡献，但由于夸大了概念的同一性，而忽视了个体的差别，因此导致发生相对主义的错误。

公孙龙与惠施同属名家，但观点却不尽相同，他即主张“离坚白”。

所谓“离坚白”，即认为一块石头，用眼只能感觉其“白”而感觉不到其“坚”，用手只能感觉到其“坚”而感觉不到其“白”。因此“坚”和“白”是分离的，是彼此孤立的。

离坚白这一论说一开始便设问，把“坚、白、石”三分可以吗？公孙龙认为分开就没什么好讨论了，所以不可以分开。那么二分可以吗？公孙龙则认为可以。问其缘故，公孙龙回答说，石无坚即可得白，如此一来就是二分，石无白即可得坚，如此一来也是二分。紧接着，他又论证道，眼看不到石之坚，只能看到石之白，因此“无坚”，“视不得其所坚，而得其所白者，无坚也”；手摸不到石之白，只能感受石之坚，因此“无白”，“拊不得其所白，而得其所坚，得其坚也，无白也”；看到白时、感觉不到坚，看不到白时、感觉得到坚，看与不看结果相离，由此推论“石”之中“坚、白”不可并存，所以相互分离，“得其白，得其坚，见于不见离，不见离，不相盈，故离”。

离坚白这种论点具体分析了人的各种感官对于事物的感受方式的特殊性，认为人们感觉接触到的事物的各个属性，都只能是绝对分离的独立体，而不能一概而论。

该派以赵国人公孙龙为代表，与惠施的合同异严重对立。

公孙龙设有甲、乙、丙三者，其中的乙和丙同属于甲之下。妙辩之法在于，取乙、丙其中之一者时，必然会取甲（因为乙、丙属于甲），且同时会将另一者分离（因为只取乙、丙其中之一者）。甲就是“石”，乙和丙就是“坚”、“白”。

后来有人认为，公孙龙将感官与感官分离是错误的论证方法。虽然感官与感官表面上相同，但视觉与触觉却是不同，但这反而正中离坚白的陷阱，并不能反驳公孙龙的论证法。

有人认为离坚白是刻意完全分离一切事物。这也是错误的，因“坚、白、石三，可乎？曰：不可。”这是至关重要的一个前提。战国末期，后期的墨家对这二者的片面性有所纠正，进而提出了“坚白相盈”的观点，荀子也强调“制名以指实”。

不过要说起名家学派一个最著名的辩题，那非“白马非马”莫属。提出这个观点的，也是离坚白派的公孙龙。

当时赵国一带的马，流行一种烈性传染病，这种病会导致大量马匹死亡。秦国有很多战马，为了防止这种瘟疫传入秦国，于是便在函谷关口贴出了告示：凡赵国的马均不能入关。

这天，公孙龙骑着白马来到函谷关前。关吏对他说：“你可以入关，但这匹马不能入关。”公孙龙辩到：“白马非马，怎么不可以过关呢？”关吏说：“白马怎么会不是马？”公孙龙说：“我公孙龙是龙吗？”关吏愣了但仍坚持说：“按规定不管是白马还是黑马，但凡赵国的马，都不能入关。”公孙龙经常以雄辩名士自居，于是娓娓道来：“马是指名称而言，白主要是指颜色而言，名称和颜色并不是同一概念。譬如说要马，给黄马，给黑马都可以，但是如果要白马，给黑马、给黄马就都不可以。这可以证明，白马和马不是一回事了吧！所以说白马就不是马。”关吏越听越茫然，越听越糊涂，被公孙龙这一通高谈阔论搅得晕头转向如坠云里雾中，完全不知该如何应答，无奈之下只好让公孙龙和白马都过关去了。

“白马非马”在逻辑学上是一个典型的偷换概念的例子。公孙龙把“白马”和“马”这两个不同的概念，用在了一个问题之中进行论证，并作为同等意义上的概念来分析。在哲学上，这是混淆事物的共性和个性之间的关系。

名家学派提出的另一些辩题具有一定哲学思辨的意味。《庄子 · 天下》记载了惠施提出了“飞鸟之影，未尝动也”，鸟在天上飞，鸟的影子也在动，惠施却认为飞鸟的影子是不动的，因为飞鸟与影子总是在某一点上，新的鸟影不断生成，旧鸟影不断消失，所以人们才产生了影动的错觉，其实影子是不会动的。古希腊的芝诺也曾提出一个类似“飞矢不动”的观点，惠施要比芝诺约早一千年。惠施和芝诺这种观点是用形而上学的观点解释运动，认为是绝对静止的，根本上否认事物机械运动在任何一瞬间既在这一点又不在这一点的矛盾，否定事物的运动。

《庄子·天下》还记载了一个惠施提出的、名传后世辩题："一尺之棰，日取其半，万世不竭。"这句话的意思是说，一尺长的木头，今天砍一半，明天砍一半的一半，每天这么砍下去，万世万代没有竭尽之时。寥寥数语，道出两个"无限"——空间的无限和时间的无限，"一尺之棰"是有限的，"日取其半"则是无限的，这其中包含了有限与无限辩证统一的道理：任何具体的确定的事物，在时间上和空间上都有自己的界限。

合纵连横——纵横家

纵横家是战国时期的百家之一。战国时期，南与北合为纵，西与东连为横。六国结盟就是南北向的联合，故称“合纵”。而六国分别与秦国结盟是东西向的联合，故称“连横”。因此人们把当时鼓吹“合纵”或“连横”外交策略，以纵横捭阖的策略来游说诸侯，从事政治、外交活动的人物称作纵横家。

1. 纵横家：时势造英雄

有一批能言善辩之士，可以同时挂六国相印，以三寸不烂之舌，陈说利害于诸侯，纵横捭阖于天下，他们往往又不讲原则，朝秦而暮楚。这批人就是纵横家。纵横家的活跃年代主要是战国时期，他们主要从事的是政治外交活动，《汉书·艺文志》列为“九流十家”之一。

实际上，“纵横家”并不能算得上一个学派，而他们只是战国时期一个独特的谋士群体，可称为中国五千年中最早也最特殊的外交政治家。他们朝秦暮楚，出谋献策往往从主观的政治要求出发，事无定主，反复无常。“纵横”即指合纵连横，战国时期，天下诸国以秦国最为强大，合纵即是除了秦国以外的六国联合对抗秦国，连横则是六国分别与秦国联盟，以求苟安。

纵横家的出现，主要是因为当时王权不能稳固统一，各方割据分争，所以需要在国力富足的基础上利用联合、离间、危逼、利诱等手段，或用较少的损失获得最大的利益。他们的智谋、手段、思想、策略基本上是当时处理各国问题的最好办法，使战国时期成为世界史上独一无二的历史阶段，在这种历史条件下所创造的智慧后世任何一个朝代都很难超越。

纵横家的“祖师”可以追溯到战国时期的传奇性人物鬼谷子。鬼谷子，生卒年不详，相传姓王名诩，战国初期卫国人。他曾经入云梦山采药修道，因为隐居在清溪的鬼谷，故自称鬼谷子。鬼谷子隐居的所在地鬼谷，位于云梦山，在今河南省鹤壁市淇县的西部，谷内有鬼谷洞，《淇县志》在介绍此洞时称："世传鬼谷子隐居处"。因为现在所能见到的史料对鬼谷子的记载相当有限，所以到底鬼谷因人而名，或鬼谷子因谷而名，至今尚无明确说法。

鬼谷子的主要著作有《鬼谷子》及《本经阴符》。《鬼谷子》侧重于权谋策略和言谈辩论的技巧，《本经阴符》则主要是讲养神蓄锐之道。

《鬼谷子》共有14篇，现在只存前12篇，最后两篇皆已失传。从主要内容来看，《鬼谷子》一书是针对谈判游说活动而言的，但是由于其中涉及到大量的谋略问题，此与军事问题也有密切的联系，所以也被称为兵书。《鬼谷子》以功利主义的思想，认为一切合理手段都可以加以运用。它讲述了作为弱者的一无所有的纵横家们，如何利用谋略口才进行游说，进而控制握有一国政治、经济、军事等大权的诸侯国君主。

鬼谷子本人实际上并没有参与到大国之间的斗争中去，参与其中的是他的弟子们，据说鬼谷子有四个弟子，苏秦、张仪、孙膑、庞涓，都是战国时期的风云人物，而前两位就是纵横家的突出代表。

2. 张仪和苏秦

整个战国时期一直到公元前221年秦始皇统一中国，差不多是200多年的历史，纵横家的发展大致可以分为三个阶段。第一个阶段是战国七雄确立的初期，这一时期各国虽都纷纷称王，但是立国都还算不上稳固，所以都在忙着巩固内政，没有多余的精力放在外战上，各国之间的兼并战争规模还不算太大。这一阶段纵横家们的活动，主要是以众弱联合以攻伐一强的合纵运动为主，这一时期比较有代表性的人物是惠施、公孙衍。

惠施即是前面提到过的名家代表人物，他是宋国人，但他最主要的活动区域是在魏国大梁（今河南开封），主张魏国、齐国和楚国联合起来对抗秦国，即主张“合纵”，并建议尊齐为王。魏惠王在位时，惠施曾因为与张仪不和而被驱逐出魏国，之后他首先到达楚国，后来回到故乡宋国，并在那里与庄子成为好朋友。公元前319年，魏惠王去世以后，由于东方各国的支持，魏国改用公孙衍为相国，张仪失宠离去，惠施得以重新回到魏国。作为合纵政策的组织者，他在当时各个国家都享有相当高的声誉，所以经常因外交事务而被魏王派到其他国家去，惠施曾随同魏惠王到齐国的徐州，朝见齐威王，也曾为魏国制订过法律。

纵横家的第二个阶段是较长的时期，这一时期大国之间的兼并战争日愈激烈，国际政治形势变化迅速而频繁，纵横家可以发挥的作用更加重要，影响也更加巨大。这一时期天下的形势是形成了东西方分别以齐国和秦国为核心的两大政治集团对峙的局面，合纵连横的盟主在齐秦来回变换，双方都企图通过合纵连横运动，来对对方的兼并战争进行遏制，阻止对方的进一步强大。

在这一阶段纵横家的发展迎来了高潮，产生了众多的纵横家代表人物，最为著名的，便是鬼谷子的两位弟子——苏秦、张仪。

张仪（？—前 310），魏国人，贵族后裔，其主要活动年代在苏秦之前。秦惠文王九年（前 329），张仪由赵国西入秦国，并凭借出众的才智被秦惠文王任为客卿，以筹划攻伐之事。次年，秦国仿效三晋的官僚机构开始设置相位，称为相邦，张仪开始出任此职，因此张仪是秦国的第一任相邦，他的政治外交生涯也由此开始。

张仪拜相之后，积极为秦国谋划。他采用连横术迫使韩国和魏国的太子来秦朝拜，并与公子华攻取魏国蒲阳。另一方面，他又游说魏惠王，不用一兵一卒就使得魏国把上郡的15个县一起献给秦国。秦惠文王十三年（前325），张仪又率军攻取魏国的陕县。这样，黄河天险被秦所占有。随着秦国威势的不断增强，秦国国君于同年称王，秦国国势逐渐强盛。

为了达到兼并魏国国土的目的，在秦惠文王更元二年（前323），张仪运用连横策略，与齐、楚大臣会于啮桑以消除秦国东进的忧虑。张仪从啮桑回到秦国，被免掉相位。后来，魏国由于惠施联齐，不得不改用张仪为相，企图连秦、韩而攻齐楚。由于连横威胁各国，秦惠文王更元六年（前319），魏国人公孙衍受齐、楚、韩、赵、燕等国的支持，出任魏相，张仪被驱逐回秦。两年后，张仪再次出任秦国相邦。后来，秦惠文王接受司马错的建议，遣张仪和司马错等人率兵伐蜀，取得胜利，随即又灭巴、苴两国。这样秦国占据了富饶的天府之国，有了巩固的大后方，这为秦国的经济和军事的发展都提供了有利的条件。

秦惠文王更元十二年（前313），秦惠王想要攻伐齐国，但又担心齐、楚结成联盟，于是便派张仪入楚游说楚怀王。张仪利诱楚怀王说，“楚诚能绝齐，秦愿献商於之地六百里。”楚怀王听信此言，于是与齐断绝关系，还派人入秦受地，张仪对楚使说：“仪与王约六里，不闻六百里。”楚国的使臣返回楚国，把张仪的话告诉了楚怀王，楚怀王盛怒之下，兴兵开始攻打秦国。第二年，秦国大败楚军于丹阳，虏楚将屈丐等七十多人，攻占了楚的汉中，置汉中郡。这样秦国的巴蜀与汉中连成一片，不仅排除了楚国对秦国本土的威胁，而且使秦国的疆土更加扩大，国力更为强盛。《史记·张仪列传》中说：“三晋多权变之士，夫言纵横强秦者大抵皆三晋之人也。”无疑张仪是其中最杰出的一个。

张仪诳楚之后，又于秦惠文王更元十四年（前311）前往楚、韩、齐、赵，燕等国进行游说，使得五国连横事秦。同年里，张仪因功封得五邑，封号为武信君。秦武王元年（前310），张仪去世。

苏秦（？—前284），字季子，战国时期的韩国人，出身农家，但胸中素有大志，他曾经去秦国，但未被用。此时正好赶上燕昭王广招贤士，于是苏秦入燕，并深受燕昭王信任。苏秦认为，燕国若要报强齐之仇，则必须先向齐表示屈服和顺从，以便赢得振兴燕国所需的时间。其次，要鼓动齐国不断进攻其它国家，以防止齐国攻燕，为此，他劝说齐王伐宋，合纵攻秦。公元前285年，苏秦到达齐国，挑拨齐赵关系，并取得了齐愍王的信任，被任为齐相，可他暗地却仍在为燕国谋划。齐愍王不清楚真相，依然任命苏秦率兵抗御燕军。齐燕之军交战时，苏秦妄图使齐军失败，五万人死亡。他使齐国群臣不和，为乐毅五国联军攻破齐国奠定了基础。之后，苏秦又说服赵国联合韩、魏、齐、楚、燕攻打秦，苏秦得到赵国的帮助，四处游说。诸侯都欣赏这个计划，于是六国达成联合的盟约，苏秦为纵约长，并任六国相。回到赵国后，赵王封他为武安君。秦国知道这个消息后大吃一惊，此后十五年里，秦兵再也不敢图谋向函谷关内进攻。

苏秦先仕于燕，而后其主要活动是，离间齐赵关系，以减轻齐对燕的压力。又和赵李兑共同联合五国以攻秦，后来他又离燕至齐，受到愍王的重用，但苏秦仍暗中为燕效劳。他所采取的策略是劝齐攻宋，以转移齐对燕的注意力。于是燕昭王派乐毅突然出兵以攻齐，齐因措手不及而败于燕。

为了进一步恶化齐赵邦交，苏秦使齐广树仇敌，再劝齐王攻宋。公元前286年，齐灭宋。齐国的国力也渐渐衰弱。同时由于奉阳君向齐索要封邑，所以齐赵关系又出现裂隙。苏秦频繁的活动，终被齐王和齐大夫发觉。齐王将苏秦车裂于市。苏秦死时，年仅50余岁。苏秦死后，燕赵魏秦韩五国联合，在燕将乐毅的带领下大举攻齐，连陷城池70余座。齐王出逃，后被杀。齐国后来虽然又夺回国土，国力却大衰，从此一蹶不振。而燕赵魏秦四国之所以发动这场战争，几乎都是由于苏秦生前活动所致。

3. 纵横家们的谢幕

战国时代的尾声，同时也是纵横家发展的尾声，这一时期，以统一中国为目的的兼并战争已经接近尾声，因为成功地实行了纵横家范雎提出的“远交近攻”为特点的新的连横政策，秦国已经发展成为天下最大的强国。在相当程度上可以说秦国的统一是纵横家长期努力的结果。这个阶段，纵横家发展的特点主要是秦国纵横家的连横运动，范雎、蔡泽即是这一阶段纵横家的代表人物。

汉代刘向在校刊整理《战国策》时也高度评价了纵横家的作用与影响，他说："是以苏秦、张仪、公孙衍、陈轸、苏代、苏厉之属，生纵横长短之说，左右倾倒。苏秦为纵，张仪为横。横则秦帝，纵则楚王，所在国重，所去国轻。"

说到《战国策》，它可以称得上是纵横家这一学派最著名的代表作。纵横家们当年虽然靠着如簧巧舌穿梭在各国君主之间，不过他们并没有留下太多的著作，纵横家之作现在仅存《鬼谷子》12篇、《战国策》33篇、《张子》10篇、《苏子》31篇。这里面以《战国策》历史价值最高。

《战国策》最初有《国策》《国事》《事语》《短长》《长书》《修书》等名称，西汉末刘向最初编定。它是中国古代的一部史学名著，也是一部国别体史书。全书按东周、西周、秦国、齐国、楚国、赵国、燕国、魏国、韩国、宋国、卫国、中山国依次分国编写，共计33卷，约12万字。

《战国策》是我国古代记载战国时期政治斗争的一部最完整的著作。它实际上是当时纵横家游说之辞的汇编，而当时七国的风云变幻，战争绵延，政权更迭，都与智士论辩、谋士献策有关，因而具有重要的史料价值。该书语言生动，文字优美，富于雄辩与运筹的机智，描写人物绘声绘色，在我国古典文学史上占有着重要的地位。

而纵横家的代表人物大多出身贫贱，反而是在最艰苦的条件下，把人民的智慧超常发挥创造，他们以三寸之舌退百万雄师，以布衣之身庭说诸侯，也以纵横之术解不测之危。苏秦佩六国相印，连六国逼秦废弃帝号；张仪雄才大略，以片言得楚国六百里土地；唐雎勇敢机智，直斥秦王存孟尝君封地；蔺相如虽然不是武将，但浩然正气直逼秦王，不仅完璧归赵，而且不使赵国受辱。纵横之士智能双全，其中不乏仁义之辈。

不过战国时代的结束，也基本宣布纵横家们命运的终结，纵横家智谋乃是战国时期特定的国际形势的产物，其兴也快，其衰也速。在汉代建立了大一统的帝国以后，纵横家智谋就基本无用武之地了。虽然历代都有余音，但却很难再有大的发展了。

阴阳五行——阴阳家

阴阳家是战国时期百家之一，该派因为提倡阴阳五行学说而得名。阴阳家常用阴阳五行学说解释社会上的人和事。阴阳学说的内容是：阴阳是事物本身所具有的正反两种对立和转化的力量，阴阳包含了事物发展变化的规律。五行学说的内容是：万物皆由木、火、土、金、水五种元素组成，它们之间有相生和相胜（薮）两大定律。用五行的相生相胜可以说明宇宙万物的起源和变化。

1. 阴阳演化——阴阳家的思想渊源

在我国古代社会，有一个阶层以炼丹、求仙、占卜、巫蛊为生，他们被称为方士。方士的方术主要来自于先秦时期的阴阳五行学说。阴阳家在我国历史上一直不是主流，但却对儒家、道教影响巨大。

“阴阳”这个概念最早见于《易经》，“五行”这个概念最早见于《尚书》之中，但论及这两种观念的产生，可以追溯到更久远的年代。到了战国时期，阴阳和五行两者逐渐合流，进而形成了一种新的观念模式，这便是以“阴阳消息，五行转移”为理论基础的宇宙观。

阴阳家是战国时期的一个重要学派，因提倡阴阳五行学说，并用它解释社会人事而得名。这一学派，源自上古执掌天文历数的统治阶层，也叫做“阴阳五行家”或“阴阳五行学派”。

“阴阳”是古人对宇宙万物相反相成性质的一种抽象表达，也是宇宙对立统一及思维法则的哲学范畴。中国古代哲学家用“阴阳”二字来表示万物两两对应、相反相成的对立统一观点，即《老子》所谓“万物负阴而抱阳”、《易传》所谓“一阴一阳之谓道”。《易经》便是讲“阴阳”变化中体现出来的哲理和数理。

阴阳学说的基本思路是阴阳交感而生的宇宙万物，宇宙万物是阴阳的对立统一。阴阳学说则是在“气”学说的基础上建立而成的，并在其基础之上，进一步认为天地、昼夜、日月、晴明、水火、温凉等运动变化中一分为二的结果，这样就抽象出了“阴”和“阳”两个相对的概念。阴阳是一种抽象概念，而不是指具体事物，所以“阴阳者，有名无形”。

阴代表消极、软弱、退守的特性和具有这些特性的事物和现象，阳代表积极、刚强、进取的特性和具有这些特性的事物和现象。阴阳学说的基本内容可以用对立、互根、消长、转化这八个字来概括。

阴阳家出于方士，《汉书·艺文志》根据刘歆《七略·术数略》，把方士的术数分为以下六种：

一是天文，“天文者，序二十八宿、步五星日月，以纪吉凶之象。”

二是历谱，“历谱者，序四时之位，正分至之节，会日月五星之辰，以考寒暑杀生之实。凶厄之患，吉隆之喜，其术皆出焉。”

三是五行，“其法亦起五德终始，推其极则无不至。”

四是蓍龟，这是中国古代占卜用的两种主要方法。一种方法是，巫史用蓍草的茎按一定的程序操作，得出一定的数的组合，再查《易经》来解释，断定吉凶，这种方法叫“筮”,《易经》的卦辞、爻辞本来就是为筮用的。后一种方法是，管占卜的巫史在刮磨得很光滑的龟甲兽骨上，钻凿一个圆形的凹缺，然后用火对其进行烧灼，围绕着钻凿的地方，现出裂纹，据说根据这些裂纹就可以知道所问的事情的吉凶。

五是杂占。

六是形法，包括看相术以及后来叫做“风水”的方术。风水的基本思想是：人是宇宙的产物，所以，人的住宅和葬地必须安排得与自然力即风水协调一致。

司马谈在他的《论六家要旨》中，把“阴阳家”列为六大学派之首。阴阳家的思想主要来自孔子创立的儒家和儒家所推崇的“六经”等，因此与儒家思想渊源颇深。

在自然观上，阴阳家利用《周易》经传的阴阳观念，提出了宇宙演化论；又从《尚书·禹贡》的“九州划分”里提出“大九州”一说，认为中国是赤县神州，内有小九州，外则为“大九州”之一，这个地理观念后被胡适大为赞赏；在历史观上，阴阳家则把《尚书·洪范》的五行观改造成“五德终始”说，他们认为历代王朝的更替兴衰都由五行所操控；在政治伦理上，他们坚持“止乎仁义节俭，君臣上下六亲之施”，赞成儒家的仁义学说。同时强调“因阴阳之大顺”，包含若干天文、气象、历法和地理学的知识，有一定的科学价值。

战国时，阴阳家有公梼生、公孙发等人，其中以邹衍最为著名。

邹衍（约前324—前250），齐国人，生卒年不详。邹衍活动的时代晚于孟子，他与鲁仲连、公孙龙等是同一时代的人。由于文献缺略，邹衍的生平事迹，只能从《史记》《吕氏春秋》《别录》等书的引述中去探寻。由于其学问迂大而宏辩，人们称他为谈天衍或称邹子。邹衍曾受聘于齐国稷下学宫，也曾到过魏、赵、燕等国，受到了所到各国国君的礼遇。特别在燕国，燕王哙为他筑碣石宫，以师礼待之。他曾在赵国驳斥过公孙龙的“白马非马”论，使公孙龙被冷落。因为阴阳五行学说具有一些神秘主义因素，所以关于邹衍的记载，也涂上了一些神话色彩，有些资料使人难于置信。

《汉书 · 艺文志》收录有阴阳21家的著作369篇，包括《公梼生终始》14篇、《邹子》49篇、《公孙发》22篇、《邹子终始》56篇、《杜文公》5篇、《乘丘子》5篇、《黄帝泰素》

20 篇等等，但除现存少量残文外，其它均已亡佚。

汉初时尚有阴阳家，但当武帝“罢黜百家，独尊儒术”之后，阴阳家的部分内容融入儒家思想体系、部分内容为原始道教所吸收，作为独立学派的阴阳家便不复存在了。

2. 五行五德——阴阳家的历史观

阴阳家以阴阳五行学说为基础，提出了自己的历史观。五行学说、五德终始说是他们的代表学说。

《尚书 · 洪范》中对“五行”的解释是：“一曰水，二曰火，三曰木，四曰金，五曰土。”古人认为，宇宙万物都是由这五种基本的物质所构成，同时，它也是关于宇宙社会属性及其变化规律的范畴系统。五行的“行”字，有“运行”之意，所以五行里包含着一个非常重要的观念，便是运转变动的观念，即“相生”与“相克”的关系。

五行学说并不是阐述水火木金土五种具体物质本身的学说，而是对五种物质不同属性的抽象概括。五行学说是以天人相应为指导思想，以五行为中心，以时间结构的五季，空间结构的五方，人体结构的五脏为基本间架，将自然界的各种事物，按其属性分别归纳。凡是具有生发，柔和特性的都属于木；具有阳热，上炎特性的都属于火；具有发育，长养特性者统属于土；具有清静，收杀特性者统属于金；具有寒润，处下等特性者则属于水。这样，就将人体的一切生命活动与自然界的事物现象互相联系起来，进而形成了联系人体内外环境的五行结构系统，说明了人体及人与自然环境的统一性。我国的传统中医理论就含有五行说，形成一个医学体系。

五行相生含义为，木生火，是因为木的本性温暖，火隐匿在其中，且钻木可生火，所以木生火；火生土，是因为火灼热，所以能够焚烧木，木被焚烧之后就化成灰烬，灰即土，所以说火生土；土生金，因为金需要隐藏在石之中，依附着山，津润而生，聚土成山，且有山必有石，所以土生金；金生水，因为金气温润流泽，金靠水生，且销锻金也可化为水，所以金生水；水生木，因为水能使树木生长，所以水生木。

五行相克主要是因天地之性，众胜寡，所以水克火；精胜坚，故火克金；刚胜柔，故金克木；专胜散，故木克土；

实胜虚，故土克水。

阴阳家们又根据五行相生、相克的理论提出了五德终始说，为改朝换代的易姓革命提供了理论支持，历代统治者也利用这种学说来论证自己取得政权的合法性。

“五德”说的是五行木、火、土、金、水所代表的五种德性。“终始”则是指“五德”周而复始的循环运转。邹衍经常用这个学说来解释历史的变迁或皇朝的兴衰。后来，皇朝的最高统治者常常自称“奉天承运皇帝”，这当中所谓的“承运”指的就是五德终始说中的“德”运。

邹衍说：“五德从所不胜，虞土、夏木、殷金、周火。”夏禹取代虞舜属于木克土，商汤放逐夏桀属于金克木，周武王伐商纣属于火克金，秦灭周属于水克火，汉代秦属于土克水。之所以秦朝崇尚黑色，就是由于水德的正色是黑色。按照邹衍的说法，五行代表的五种德性是以相克的关系互相传递的，后世也有人提出五行相生来解释五德的终始关系。

对于汉朝，有人认为属土德，有人认为属水德，也有人认为属火德。汉高祖刘邦时，张苍认为秦国祚太短而且暴虐无道，并不属于正统朝代，应该由汉朝接替周朝的火德，所以汉朝之正朔应为水德。到了汉武帝时期，又认为秦属于正统朝代，改汉正朔为土德（因土克水）。后来王莽建立新朝，又采用刘向、刘歆两父子的说法，认为汉朝属于火德。汉光武帝光复汉室之后，正式承认了这一说法，从此确立了汉朝正朔为火德，东汉及以后的史书，如《汉书》《三国志》等也都采用了这种说法。因此，汉朝有时也被称为“炎汉”，又因汉朝皇帝姓刘而称“炎刘”。曹丕篡汉，根据火生土的理论，定曹魏为土德，并改“洛阳”为“雒阳”，因为“雒”字右半边包含“土”。

后来历代统治者都附会这种学说，以证明自己政权的合法地位。皇太极根据五行相克的理论，将国号“金”改为“清”，将族名“女真”改为“满洲”，三个字都是水字边，就是为了克“明”之火。

五德终始说对儒家思想影响也很大，西汉的董仲舒将阴阳五行学说引入儒家，使“改正朔，易服色”的做法成为定制，对后世影响很大。

运筹帷幄——兵家

兵家是我国先秦、汉初时期研究军事理论，并从事军事活动的学派，属于诸子百家之一。据《汉书·艺文志》中记载，兵家又分为兵权谋家、兵阴阳家、兵形势家和兵技巧家四个种类。

1. 诞生于战乱之中的兵家

春秋战国时期的战乱形势，推动了军事思想的迅速发展，一些军事家在亲自参与军事活动的过程中，在谍报、后勤、指挥、作战等战争环节中总结出了一系列完善的理论。所以，优秀的兵家能够做到“运筹帷幄之中，决胜千里之外”。

兵家的代表人物有春秋时的孙武、司马穰苴，战国时的孙膑、吴起、公孙鞅、赵奢、白起、尉缭，汉初张良和韩信等。现存兵家著作有《黄帝阴符经》《六韬》《三略》《孙子兵法》《司马法》《孙膑兵法》《吴子》《尉缭子》《将苑》《百战奇略》《唐太宗李卫公问对》等。

他们研究制胜的规律，总结军事方面的经验教训，他们论述军事的兵家著作，称为兵书。《汉书·艺文志·兵书略》著录汉以前兵家著作共五十三家，七百九十篇，图四十三卷，此分为权谋、阴阳、形势、技巧四家。吕思勉在《先秦学术概论·兵家》曾言：“阴阳、技巧之书，今已尽亡。权谋、形势之书，亦所存无几。大约兵阴阳家言，当有关天时，亦必涉迷信。兵技巧家言，最切实用。然今古异宜，故不传于后。兵形势之言，亦今古不同。惟其理多相通，故其存在，仍多后人所能解。至兵权谋，则专论用兵之理，几无今古之异。兵家言之可考见古代学术思想者，断推此家矣。”

兵家里面的各类学说虽有异同，但其中包含着丰富的朴素唯物论和辩证法因素。兵家的实践活动和理论，对当时及后世的影响都很大，是我国古代宝贵的军事思想遗产。

2. 兵圣孙子和《孙子兵法》

孙武，字长卿，后人尊称其为孙子、孙武子，春秋末期齐国乐安（今山东广饶，另一说为惠民县）人，生卒年不详，大约与儒家创始人孔子属于同一时代。

孙武是齐国贵族田氏的后裔，祖先出自陈国公族。后来由于陈国内部发生一场政变，孙武的直系远祖妫完便携全家逃往齐国，投奔齐桓公。齐桓公早就听闻陈公子妫完年轻有为，便任命他为负责管理百工之事的工正。妫完在齐国定居之后，由妫姓改为陈氏，由于古音陈与田相近，故他又被称作田完。田完的第五世孙田书（即孙子的祖父）曾经是齐国大夫，在攻打莒国的战争中立下了不小的功劳，齐景公把乐安封给了田书，同时还赐氏为“孙”，以表示对田书的嘉奖。公元前 532 年，齐国发生内乱，孙武便离开齐国，到了南方的吴国，并在吴国的都城姑苏（今江苏省苏州市）过起了隐居生活，一心研究兵法。在吴国，孙子结识了名将伍子胥。据《吴越春秋 · 阖闾内传》中记载，在诸侯争霸中，南方新兴的吴国国君阖闾，为谋求霸业而欲攻打楚国，但是，一时间他很难选出适合的将领。伍子胥常与吴王讨论兵法，也曾向吴王推荐说孙武“精通韬略，有鬼神不测之机，天地包藏之妙，自著兵法十三篇，世人莫知其能。诚得此任为将，虽天下莫敌，何论楚哉！”经过伍子胥七次不懈的举荐，吴王终于让伍子胥拜请孙武出山。

孙武见过吴王之后，呈上所著兵书。吴王看后，大为兴奋，称赞不绝。据相关资料记载，为了考察孙武的统兵能力，吴王挑选了一百多名宫女由孙子操练，这就是后来人们所传说的“孙子吴宫教战斩美姬”的故事。吴宫操练之后，吴王便任命孙武为上将军，封为军师。从此，孙子与伍子胥共同辅佐吴王，发展军力，安邦治国。公元前506年冬，吴国以孙武和伍子胥为将，出兵伐楚。孙武采取“迂回奔袭、出奇制胜”的战法，沿着淮河西上，从淮河平原越过大别山，长驱直入楚境千里，直奔汉水，在柏举（今湖北汉川北）给楚军以致命一击。紧跟着五战五胜，曾一举攻陷楚国的国都郢。“柏举之战”后，楚国渐渐走向衰落，元气大伤，而吴国的声威则大振，并成为春秋五霸之一。吴国不仅成为南方的强国，而且北方的齐晋等大国也十分畏惧吴国。

对于孙武的历史功绩，司马迁曾在《史记·孙子吴起列传》写道：“西破强楚，入郢，北威齐、晋，显名诸侯，孙子与有力也。”孙武也被后世尊为“兵圣”。

著名的《孙子兵法》一书就是由孙武所作，因此又称《孙武兵法》《吴孙子兵法》《孙武兵书》等，是我国古典军事文化遗产中的瑰宝，中国优秀传统文化重要的组成部分。《孙子兵法》内容博大精深，思想精邃，逻辑缜密。全书分为十三篇，有“用兵如《孙子》，策谋《三十六计》”的说法。

《孙子兵法》大约成书于春秋末期，是我国古代流传下来的最早、最完整的军事著作，在中国军事史上占有很重要的地位。书中的思想对中国历代军事家、政治家、思想家都产生过深远的影响，其已被译成英、俄、德、日等 29 种语言文字，在世界各地广为流传，享有“兵学圣典”的美誉。不少国家的军校把它列为教材。据报道，1991 年海湾战争期间，交战双方都曾研究《孙子兵法》，借鉴其军事思想以指导战争。

《孙子兵法》体现了丰富的辩证法思想，书中探讨了与战争有关的一系列矛盾的对立和转化，如敌我、主客、胜败、众寡、攻守、强弱、利患等。《孙子兵法》正是在研究这种种矛盾及其转化条件的基础上，提出其关于战争的战略和战术。这当中体现的辩证思想，在中国辩证思维发展史中占有重要地位。《孙子兵法》谈兵论战，集“韬略”、“诡道”之大成，被历代军事家广为引用，书中的不少典故，在中国也是路人皆知。《孙子兵法》那缜密的军事、哲学思想体系，深远的哲理、变化无穷的战略战术和常读常新的探讨韵味，使其在世界军事思想领域也拥有广泛的影响，享有极高的声誉。

《孙子兵法》实为中华千古奇书，同时，它以自然科学为基础，深深扎根于中国的主流哲学里。时至今日，它更是成了商界必备实战手册，不仅可以启迪人作正向思考，而且可以开发人的智慧。

3. 战国的兵家代表人物

孙武以后，吴起、司马穰苴、孙膑等人也是兵家的杰出代表。

吴起（约前440—前381），战国初期著名的政治改革家，卓越的军事理论家、军事改革家。卫国左氏（今山东省定陶，一说曹县东北）人。吴起著有《吴子》，《吴子》与《孙子》合称《孙吴兵法》，后世把他和孙子连称“孙吴”，《孙吴兵法》在中国古代军事典籍中占有重要地位。

吴起的军事思想在《吴子兵法》中有充分的展现。吴起主张将政治和军事结合起来，对内修明文德，对外做好战备，两者一定要做到并重，不可偏废。在政治、军事并重的前提下，吴起对政治教化更重视，用道、义、礼、仁来治理军队和民众。吴起还根据战争起因的不同，将战争分为义兵、强兵、刚兵、暴兵、逆兵等不一样的性质，主张对战争的态度一定要慎重，坚决反对穷兵黩武。

关于军队，吴起主张兵不在多，他心目中理想的军队是平时守礼法，战时有威势，前进时锐不可挡，后退时速不可追的军队。建立这样的军队首先要选募良材，重用勇士和那些志在杀敌立功的人，为他们加官进爵，同时还要厚待他们的家人，军队以他们作为骨干。对士卒的使用要因人而异，充分发挥他们各自的特长。军队的编组要按照同乡同里进行编组，同什同伍相互联保，严格管理部众。前进有重赏，后退有重罚，赏罚必信。奖励有功的人，勉励无功的人，牺牲将士的家属要予以抚恤和慰问。要选拔那些文武兼备、刚柔并用、善于安抚士众、威慑敌军、决断疑难的武将作为军队的主将。

吴起认为应该根据不一样国家不一样的地理条件、政治状况、人民习俗、经济实力、军队素质还有军阵阵法等特点，制定不一样的军事策略，为此他针对六国各自的特点分别制定了作战方针和战法。吴起还特别强调一定要将敌人的部署情况摸清，打击其薄弱的环节，为此他列出了八种不需要占卜吉凶就可出击、六种不用占卜吉凶也不要与敌作战的情况。吴起还认为用兵应该随机应变，对此，他提出了击强、击众、水战、谷战、围城等具体的战法。此外，吴起还对养马和骑战做了专门的论述，这在我国军事史上应该是最早的。

司马穰苴，生卒年不详，姓田，名穰苴，我国古代著名军事家、军事理论家，春秋时期齐国人。齐景公时，在晏婴的举荐下，田穰苴受命统率齐军出征，击退了入侵的晋国和燕国军队，因公被封为大司马，所以后人又称他为司马穰苴。

司马穰苴去世以后，后人整理了他的遗著，称为《司马穰苴兵法》。《汉书 · 艺文志》收录了这部兵法一百五十篇，《隋书 · 经籍志》和《唐书 · 经籍志》都注为三卷，但今本只存五篇："仁本"、"天子之义"、"定爵"、"严位"、"用众"等，这五篇虽然不全都是司马穰苴所著，但是却反映了他的基本军事思想。

首先，司马穰苴的军事思想具有着朴素的辩证法因素。他认为，战争中存在着"轻"、"重"两个互相制约的即对立统一的因素。他说："凡战以轻行轻则危，以重行重则无功，以轻行重则败，以重行轻则战，故战，互为轻重。"所以，他认为，掌握战争规律的关键，就是如何处理好"轻"、"重"两者的关系，应该实现有主有次，主次分明，这样才可以抓住重点，将战争的主动权掌握在自己的手中。其次，司马穰苴的军事思想中包含了机动灵活的战术意识。在练兵上，他认为应该"教惟豫，战惟节"，意思就是，平时训练应该从严，战时用兵则要从宽、要有节制。在军事指挥上，司马穰苴认为应该讲究策略，不可以轻重不分，要"上烦轻，上暇重"。如果将领的指挥只具体，也就是所谓的"轻"，那么就容易陷于繁琐；只抽象地管一管战略上的运筹，也就是所谓的"重"，则又容易流于空泛，因此，只有"轻"、"重"有节，才能指挥有度，确保战争获得胜利。再次，司马穰苴的军事思想中，又包含了相互对立又相互依存的战术原则。他说："攻战守，进退止，前后序，车徒困，是谓战参。"他认为，进攻与防御应该相互补充，前进与后退则也应该各有限度，队伍排列行进应该注意保持前后的秩序，车兵、步兵应该相互倚重。他将这种互相对立与渗透的军事方法称为"战参"，进行突出强调。司马穰苴认为只有这样，军队才能够行动有度、强弱互补，从而战无不胜。

司马穰苴的军事思想反映出春秋战国时期的一些军事制度和战争观点，是对早期兵法理论的继承和总结，也是我国古代战争实践经验的理论概括，历来为兵家所重视。

孙膑的时代要比司马穰苴晚，大致和商鞅、孟轲是同一时期的人物，和司马穰苴一样是齐国人。孙膑其实不是他本来的名字，他是因为受膑刑而改名为"膑"的，其本名不详。孙膑是孙武的后代，他曾和庞涓是同学，一起拜鬼谷子为师，学习兵法。后来庞涓做了魏惠王的将军。庞涓嫉妒孙膑的才能，就把他骗到魏国来，施以膑刑（即去膝盖骨）。后来孙膑被齐国使者营救，逃去了齐国。这个时期，正值齐、魏争霸，战乱频繁。早在公元前386年，代表新兴地主阶级的田氏就在齐国取得了政权，并进行了一系列的社会改革。孙膑来到齐国后，受到了著名将领田忌的赏识，便留在他的府中，享受上宾的礼遇，后来又做了齐威王的军师，辅佐齐将田忌。后他在桂陵之战、马陵之战中设计大败魏军，迫使庞涓自杀。

孙膑流传后世的代表作是《孙膑兵法》。《孙膑兵法》又名《齐孙子》，《汉书 · 艺文志》称“《齐孙子》八十九篇，图四卷”，但自《隋书 · 经籍志》开始，便不见于历代著录，由此推测，《孙膑兵法》大约在东汉末年便已失传。后来1972年临沂银雀山汉墓出土的汉简，让一部分《孙膑兵法》重见天日。现存的《孙膑兵法》，分上、下编，各十五篇。一般认为上篇当属原著无疑，是在孙膑著述和言论的基础上经弟子编辑整理而成；下篇内容虽与上篇内容相类似，但也存在着编撰体例上的不同，是否为孙膑及其弟子所著尚无充分的证据。

《孙膑兵法》在军事理论方面有很高的成就，它继承《孙子》《吴子》等兵家思想并有新的发展，包含有丰富的军事思想。孙膑对孙武的军事理论进行了继承和发展，创立了很多以寡胜众、以弱胜强的战法。他的战略以进攻为主，利用不同地形，形成有利于进攻的形势。他对城邑和阵法的运用十分重视。

4. 兵家四类及秦汉后的发展

在《汉书 · 艺文志 · 兵书略》中，按照秦汉以前兵书的基本内容和主要特征不同，先秦时期的兵家被划分为四类，分别是兵权谋家、兵形势家、兵阴阳家、兵技巧家。

其中兵权谋家共有13家，著作200余篇，但是现在仅存《孙子兵法》《孙膑兵法》和《吴子兵法》等，另外《六艺略 · 礼部》所收录的《军礼司马法》155篇、《诸子略 · 儒家类》所收录的《周史六弢》（与今本《六韬》有一定的渊源关系）等亦似应归入这一大类。这是兵家学派中最主要的一派。《艺文志》在对这一学派的特点进行总结时指出："权谋者，以正守国，以奇用兵，先计而后战，兼形势，包阴阳，用技巧者也。"从这里可以看出，这是一个兼容各派之长的综合性学派，有学者认为，这一学派主要是讲战略的。

第二类兵形势家共有11家，著作92篇，按照现在通行的观点，是这一派迄今仅存《尉缭子》一书（也有人主张今本《尉缭子》是《汉书，艺文志》所著录的"杂家"《尉缭子》，或"兵形势家"与"杂家"两《尉缭》的混合体）。这一兵家流派的基本特点是："雷动风举，后发而先至，离合背向，变化无常，以轻疾制敌者也。”也就是主要探讨军事行动的运动性和战术运用的灵活性与变化性，也有的学者持这一学派主要是讲战术的观点。

兵阴阳家共有16家，著作200篇，其中有很多是托名黄帝君臣的作品，如《黄帝》16篇、《封胡》5篇、《风后》13篇等，现在几乎全都散佚。湖南长沙马王堆三号汉墓出土的帛书《经法》似可归入此类。这一学派的主要特点是：“顺时而发，推刑德，随斗击，因五胜，假鬼神而为助者也。”这表明它非常看重“时”，注意研究天候、地理与战争的关系，极有可能和范田以及黄老学派关系密切。

兵技巧家共有13家，著作不到200篇，全部散佚，个别著作的零星内容，如《伍子胥水战法》等，散见于《太平御览》等政书、类书、丛书里面。这一兵学流派的主要特点是：“习手足，便器械，积机关，以立攻守之胜者也。”这表明，武器装备和作战技术，包括设计、制造攻守器械和学习使用器械的技术方法、军事训练等等是该学派所关注的点。《墨子》中有关“城守”专论，也可以归入这一大类。

汉朝以后，虽然兵家受到了统治者的重视和利用，但是它只是作为一种技艺性的军事学而从诸子学中剥离出来，子学特色淡化，而军事学特点强化，作为子学之兵家从此衰微。汉以后的兵家更多地是作为军事学科在发展、在演变，由先秦时代的将政治、军事、学术、文化糅合为一的兵家学说，逐渐演变为单纯的军事理论、军事技术。

博取众长——杂家

杂家是战国末期百家之一，因其“兼儒墨、合名法”“于百家之道无不贯综”(《汉书 · 艺文志》及颜师古注）而得名。秦相吕不韦聚集门客编写的《吕氏春秋》，是杂家的代表作。

严格说讲，“杂家”不能算是一门有意识、有传承的学派。而他们也并不自命为“杂家”的流派。《汉书 · 艺文志》第一次将“吕氏春秋”归为“杂家”，此后“杂家”的名称被确定了下来。

1. 各派思想兼收并蓄的杂家

杂家，列于诸子中，是很鲜明的一派，诞生于中国战国末至汉初时期，以博采各家之说见长，以“兼儒墨，合名法”为特点，“于百家之道无不贯通”。《汉书·艺文志》将其列为“九流”之一。

战国末期，经过激烈的社会变革后，封建制国家纷纷出现，新兴地主阶级要求在政治上和思想上统一。在这种情况之下，学术思想上出现了把各派思想融合为一的杂家，杂家的产生，大体上反映了战国末期学术文化融合的趋势。战国末期就是这样，各派的思想家都试图以某家思想为基础，再杂糅别家思想而建立新的理论体系，于是有了所谓“兼儒墨，合名法”的“杂家”。黄老道家是战国中后期的显学，而杂家和黄老道家的关系十分密切。在西汉司马谈的《论六家要旨》中曾说，各家皆是“务为治者”，都是致力于让君王达到太平治世而服务的学派，服务“王治”治世，为它们学派存在的基本原则，而司马谈认为，各家哲学中以道家最为完美，对各家治国王治之道无所不包没有不贯通的。后世有学者认为，司马谈这里说的道家，指的就是杂家。因此，有的学者认为可以将包含了较多道家思想的杂家称为新道家学派。

春秋战国时代是思维活跃、百花齐放的时代，才有了诸子百家，而到了战国末期，历史大环境要求思想统一，兼具各家所长的杂家就此产生，因此可以将杂家的出现作为中国文化兼容并蓄特点的一个例证，和后来儒释道“三教合一”的历程十分相似。

据《汉书·艺文志·诸子略》中载，杂家著作有《盘盂》26篇,《大禹》37篇,《尉缭》29篇,《伍子胥》8篇,《由余》3篇,《尸子》20篇,《子晚子》35篇,《吕氏春秋》26篇,《淮南子》内篇21篇，外篇33篇等。其中以《吕氏春秋》《淮南王》为代表著作，杂家著作现在只留下《吕氏春秋》《淮南子》《尸子》三种。

2. 杂家代表著作

《汉书·艺文志》收录有《尸子》20篇，书中说，尸子“名佼，鲁人，秦相商君师之。鞅死，佼逃入蜀”。也就是说，尸子名佼，鲁国人，是商鞅的师傅。刘向的《荀子书录》说尸子著书“非先王之法，不循孔氏之术”，尸佼逃往蜀后，著有《尸子》一书。他的思想融合了儒、墨、道、法各家，和孟轲、荀卿、商鞅、韩非等人的思想都有相通处，对农家许行也有不小的影响，在思想史上是个重要环节。面对战国时期阶级矛盾尖锐的形势，尸佼认为如何稳定农民，进而巩固统治是非常重要的问题。

《吕氏春秋》是吕不韦招集门客所著之书，署名吕不韦。吕不韦（约前289—前235），战国末期著名大商人、政治家、思想家，卫国濮阳（今河南濮阳西南）人，往来于各地之间，以低价买进，高价卖出，逐渐积累起庞大的家产。吕不韦以囤积居奇闻名于世，他曾辅佐秦始皇的父亲登上王位，并任秦国相邦。吕不韦也是杂家的重要代表人物，曾组织过门客编写著名的《吕氏春秋》。

吕不韦做秦国相国时门下有三千宾客，他让宾客人人写下所见所闻，汇编为八览、六论、十二纪，共160篇（《有始览》已缺1篇），20余万言，号曰《吕氏春秋》，又称《吕览》，成书于公元前239，当时正是秦国统一六国前夜。《吕氏春秋》出于众手，各纪所闻，因此《汉书·艺文志》将其列入杂家类。书中对道家十分推崇，肯定了老子的思想，同时以道家为主，融合了儒、墨、法、兵众家长处，形成了包括政治、经济、道德、哲学、军事等各个方面的理论体系。

吕不韦的目的在于综合百家之长，总结历史经验教训，为以后的秦国统治提供长久的治国方略。

《吕氏春秋》语言也比较生动，并经常运用寓言故事进行说理，极其富有逻辑力量。有的整篇整节都由比喻组成，文字简短，取义十分贴切。比如《荡兵》篇，说兵“譬之若水火然，善用之则为福，不善用之则为祸；若用药者然，得良药则活人，得恶药则杀人”，从而说明义兵便是天下的良药，不能弃而不用。又如《疑似》篇，举幽王击鼓和黎丘丈人遇鬼等故事作为例证，阐明“疑似之迹，不可不察”；《察今》篇，拿楚人不察水涨仍遵循旧标志和楚人刻舟求剑等故事为例子，强调因时变法的重要性。这些寓言故事，不仅内容丰富含深刻的哲理，而且还形象鲜明，具有浓郁的文学色彩。

《淮南子》的成书年代要比《吕氏春秋》晚很多，它同样也是由一位身居显位的人组织编写的，他就是淮南王刘安。

刘安（前179—前122），汉高祖刘邦之孙，淮南厉王刘长之子。文帝八年（前172）时，刘长被废王位。文帝十六年（前164），文帝把原来的淮南国一分为三，封给刘安兄弟三人，刘安以长子身份袭封为淮南王，时年仅16岁。虽年少，但他才思敏捷，好读书，善文辞，乐于鼓琴，是西汉著名的文学家、思想家，奉汉武帝之命所著成的《离骚传》是中国最早对屈原和其《离骚》作高度评价的著作。

《淮南子》有《内篇》21篇、《外篇》33篇，内篇论道，外篇杂说，共计20余万字。现只流传内21篇。《淮南子》中体现的主要是道家思想，又糅合儒、法、阴阳五行等多家思想，并从唯物主义的角度提出了“道”“气”等学说和观点，同时还包含和保留了很多自然科学史的材料，具有很高的史料价值。

文化自信的中国智慧

近代西方文化之所以相对先进于东方文化，是因为它经过欧洲文艺复兴、启蒙运动等几个世纪的艰苦变革，实现了从中世纪向近代化转变的缘故。而并不像有些人所胡诌的那样，它自古以来就先进于中国文化。

凡是不带偏见的人，都能看到东方文化中蕴含着大量人类智慧的精华，它不仅对世界古代文明的发展做出了巨大的贡献，而且还将对今日世界和未来世界的文化建设做出更大的贡献。

现代社会的矛盾主要是三种：人与他人的矛盾、人与自然的矛盾、人与自身的矛盾。儒释道针对这三大矛盾，开出了顺应自然、顺应昼夜、顺应时势的方剂，所以说以儒治世，以道治身，以佛治心。

儒家文化强调人与人之间的关系，实际上也是在处理人和社会的关系问题，于是建立伦理来解决人与人之间的矛盾，或者说人跟社会的矛盾。儒家强调责任和义务，身在其位就应该承担这个名分的职责，敢于担当，懂得反求诸己，即反省自我，不要去怨天尤人。

道家强调道法自然，通过尊重万物的本性来解决人与天地万物之间的矛盾，实际上就是处理人与自然的关系。以道治身，是要我们认识到只有多尊重自然、多顺应自然，才能够处理好人跟生存环境之间的关系。这里的自然，用现在的概念来讲其实是指自然界的天地万物，然而在道家思想里面，自然的概念不是指天地万物而是指事物的本性。我们要尊重自然的本性，去适应自然的环境，也要重视自己的自然本性，那么我们就不会去破坏自然，不会跟自然产生矛盾和冲突，也不会危害到我们生存的环境。

现在世界上还有一个很突出的问题，就是人与自身的矛盾，或者说身心的矛盾、灵肉的矛盾。要从根本上解决人的心理问题，佛教给我们提供了这方面的资源。佛教构建了一套学术系统，被称为戒、定、慧三学，用这三学来对治人心中的贪、嗔、痴，通过心灵的净化来解决人自身的身心矛盾。

我们的祖先早就意识到了我们在这个世界上会跟天地万物产生矛盾，于是儒释道这三种文化就组成了一个相辅相成的主体，来医治这些问题，构建和谐。儒释道各自针对相应的矛盾，可以用三句话概括：儒明伦理，人际和谐；道法自然，天人和谐；佛净其意，身心和谐。这是相当智慧、圆满的。因此，同样地，中国文化只要经过艰苦的变革，实现向现代化的转变，是能够与西方文化并驾齐驱的。这是我们中国人文化自觉的一个重要方面，即应当积极地、自觉地去促使中国文化向现代转化。有些人曾认为，中国文化缺乏自我更新的机制，不可能实现向现代化的转化。这种说法，在理论上是荒谬的，在事实上也是没有根据的。首先，人们无法理解，一种缺乏自我更新机制的文化，何以能延续至数千年之久。其次，所谓“自我更新机制”的提法也是含混不清的。如果说，“自我更新机制”是指排斥任何外来的刺激，拒绝吸收、融合外来的东西，那么，可以说世界上找不到一种文化是具有“自我更新机制”的。那些断言东方文化缺乏自我更新机制的人，其目的无非是为了反证西方文化之富于“自我更新机制”，可是，他们忘记了，或者说故意回避了一个最基本的历史事实，那就是欧洲在文艺复兴前后强烈追求东方文化刺激的情景，以及东方文化中浓厚人文精神色彩的思想理论，在西方文化从中世纪神学樊笼中解放出来的过程中所起过的巨大影响。因此，“自我更新”总是与一定的外来刺激和借鉴、吸收、融合等分不开的。我们坚信，凭借中国传统文化强大的包容性，经过后进后学们不断的努力，通过积极吸收西方文化的有益营养，中国文化一定能够实现向现代化转化的目标，一定能够适应并推动世界现代化的潮流和进程。

中西方思维方法的不同

近百年来，中国在引入西方科技时，由于未能摆正其与中国传统文化的关系，以致我们对中国的历史、文化、传统产生了强烈的陌生感。楼宇烈先生曾在《对于21世纪中国文化建构的思考》中提到，20世纪中国文化明显存在两大不平衡：一是西方文化与传统文化的比例失衡，西方文化所占比例远高于传统文化，体现在教育、社会等多方面。西方文化的影响力远大于中国传统文化，我们对西方文化知识了解不少，对自己的文化反而知之甚少。二是自然科学和人文科学的比例失衡，人们总觉得科技发展是实实在在的，人文则可有可无。希望这样的不平衡以后可以得到纠正：中国传统文化的比例与西方文化的比例至少要相等，而人文科学应该比自然科学所占的比例还要多些。因为科技越是高度发展，就越离不开人文的指导，如果没有人文来指明科技发展的方向，科技就有可能走上邪路，甚至最后局面失控。而在这一方面，中西方思维方法的不同让中国有可能更好地应对这一失控的局面。

西方由于信教的传统，在思维方式上常常表现为非此即彼的二元对立状态，其价值观念就是对和错。这个一分为二的方法不是说错误，可以说基本上是中学生或者小学生思考问题的方法，很简单。比如你带着孩子去看电影，他一定问你说，这个是好人还是坏人？你跟他说，这既不是好人也不是坏人，他听不懂，这就基本建立在两元对立思考上。两元对立思考这个模式产生的价值观念，一定是对与错，不是对就是错，不是错就是对。

20 世纪以来，在新文化运动的潮流下，西方的思维方法对中国人产生了很大的影响，在相当长的一段时间里，在研究人文的问题时也都在借用二元对立学说，甚至对传统文化进行了猛烈的抨击，使一般民众对传统文化完全失去了尊重和信心。在很多人的心目中，中国传统文化中既没有宗教，也没有哲学，当然更没有物理、化学这些所谓自然科学的东西。以学科来讲，什么叫哲学？哲学应该讨论什么问题、具有什么特征？什么叫宗教？宗教应该讨论什么问题、具有什么特征？什么叫科学？科学与人文各以什么为标准？这些近代学科的分科方法都是西方所提出来的，尽管传统文化对这些学科内容都有所涉及，但是它不宜被严格划分，因此我们不能简单地用现代科学理论去处理传统文化。

例如，在中国传统文化中，本来是没有所谓的宗教概念的，儒、释、道皆可教化众生，皆可为宗教。由于近代我们接触的宗教概念来自于欧洲，它是和理性、科学相对抗的，被认为是盲目崇信神权，一味追求彼岸世界，等等。所以我们一说到佛教就认为它是迷信，或者盲目求神拜菩萨，实际上只有接受了这种宗教观的人才会把求神拜菩萨看得很重。如果去老百姓中间问问那些不识字的匹夫匹妇："你们相信菩萨的保佑吗？"他们多半会说："当然相信。"但是他们又会接着说，菩萨肯定不会保佑坏人，得到保佑的前提是积德行善。所以只是从社会功能上看，中国传统文化中的宗教和其他任何文化样式一样，都起着教化的作用，儒、释、道都是塑造人心的有益教化，所以才能三教合流，万善同归。如果我们没有一个正确的宗教观，不接触就排斥，那么何以引导其为社会服务，为社会做贡献呢？

那么，能不能从中国文化的传统里面提炼出一个新的思维方式呢？其实，这种思维方式一直就存在，但不是一分为二，而是一分为三。这个概念是庞朴先生提出来的，他写了《一分为三论》，里面说，当我们研究两个不同事物的时候，要从第三个角度去思考问题，这个“三”也不是我们那个一二三里数学的“三”，因为中国哲学讲的“三”是多的意思。读《老子》就很清楚，“道生一，一生二，二生三，三生万物，冲气以为和”。当我们研究两个不同事物的时候，要从第三个角度和更多的角度去思考问题。

例如，《左传》里讲：“政宽则民慢，慢则纠之以猛。猛则民残，残则施之以宽。宽以济猛，猛以济宽，政是以和。”政宽就是政策政令宽泛，只有原则，没有执行的细节；“则民慢”，即下属就会散漫；所以“慢则纠之以猛”，你作为管理者，一看这个下属很散漫，无所适从，你就会以猛（即严厉）来纠正这种散漫的状态。过于严厉的管理有时会伤害下属的积极性和原创性，所以又要考虑“残则施之以宽”。不是猛就是宽，不是宽就是猛。在宽与猛两分法中去思考解决问题的方法是不可能找到答案的。应该怎么办？应该“宽猛相济”，一是“以猛济宽”，当你要施行宽泛的原则的时候，一定要有一些严厉的管理成分去及时帮助和支撑这种宽；第二个就是要“以宽济猛”，当你要搞严厉的时候，也要宽泛一下。这就是“一分为三”的思考方法。

在《一分为三论》中，还讨论了中国哲学一个于思考有关的问题：德与知的关系。在西方的认识论里头，讨论认识问题，它不涉及到人的道德问题，它讨论的是人的知识的来源问题，认识过程问题，认识的结论真理性的问题。它把人的认识分成认识的主体和认识的对象或认识的客体，探讨这两者之间的关系，和这个人的道德、修行没有什么关系。但中国就不是这样，举一个例子：《孙子兵法》的第十三篇，第十三篇是用间篇。用间就是间谍，里面讲了五种间谍，这五种间谍跟现代军事上五种间谍是同一个性质，那么讲的间谍就是用计、用术的概念。可是孙子在这个概念前面加了一句话：“非圣智不得用间，非仁义不得使间”。他提出了一个概念，圣智的概念。圣就是有德之人，有德之人才有智慧，问题非常简单。所以那个德我们又分成小德跟大德，什么叫小德？修身齐家。什么叫大德？治国平天下。你如果对这个有所理解，有所了解，那么你就是一个有智慧的人。这就是中国非常简单的一个论述。所以有德，你就不仅要有小德，修身齐家，你还得有民族社会国家的概念，否则你无法使你的企业发展下去。“非仁义不得使间”，仁者爱人，义者诚信。如果你这个做不到，你是无法使用间谍的。所以它在这个地方就告诉我们一个概念，就是中国人讨论一个人的智慧是跟一个人的道德修养有关系的。

又如，在传统东方文化的认识论和方法论中（仍以中国的儒、释、道为例），是比较侧重于个体经验的体认和直接把握，比较侧重于事物之间的联系和整体直观，而缺少理性分析和概念推理，例如孔子的“知之为知之”，朱熹的“格物致知”，王阳明的“知行合一”等。因此，当近代西方自然科学中的实证方法，以及哲学中的理性主义、逻辑分析方法等传入东方后，在一般人的心目中，也似乎只有实证的、理性的、分析的才是唯一科学的认识和方法，而对传统东方文化的认识论和方法论则予以严厉的批判和否定。王阳明有一句非常著名的话“心外无理，心外无物”——我的心以外没有物，我的心以外没有一个主宰，那我就是天地之主宰，我就是我自己身体的主宰——这是对还是错呢？按照西方二元论的说法，这句话肯定会被贴上“主观唯心主义”的标签。前苏联有一个很著名的哲学家日丹诺夫，他说哲学史就是唯物主义和唯心主义的斗争史，唯物主义等于进步，唯心主义等于错误。以前，我们一直受这个概念的影响，但今天王阳明的思想成为对包括日本、韩国在内的东亚文化圈影响最大的哲学家。

不可否认，缺少实证、理性、分析是传统东方文化的认识论和方法论中的一大缺陷。但并不能由此断言，个体经验体认和整体直观的方法就只有否定的一面。事实上，对这方面的问题，在理论上至今还没有一个一致的意见。相反，随着现代科学的日益深入发展，人们已开始明显地感觉到，实证和分析的方法并不是万能的，它也存在着一定的局限性，而带有强烈随机性的体认和直观的方法则并非一无是处。目前，中国传统的思维方法已经引起广大自然科学家和人文科学家的浓厚兴趣。可以相信，传统东方文化中丰富的有关体认和直观思维方法的资料，经过选择和改造，定将转化为发展现代思维科学的有益养料。

所以，当我们用二分法走到今天之后，就必须对这种思维方式进行调整。不能说二分法是错的，只能说二分法是人类的初级阶段。我们今天就像文艺复兴一样，要回去寻找资源，但是回去不是说那些老的、旧的就是最好的。

传统不是过去，传统就是当下，我们生活在传统当中。

“中庸”与“权变”

“中庸”这两个字在《论语》中有“过犹不及”之意：过了也不对，达不到也不对。对“中庸”而言，这个解释是成立的，也是没有问题的。但是，很多的研究忽视一点，即孔子说的“中庸之谓至德”。孔子把中庸当做最高的道德，这我们从来没有注意过，我们过去认为庸就是“过犹不及”。可是孔子说：“中庸之为德也，其至矣乎！民鲜久矣。”就是老百姓很少有知道“中庸至德”这个道理的，所以他认为周人对于中庸这个概念的理解，并没有达到将其当作一种最高道德修养的地步。

那么，为什么中国人要把一个人思考问题的方法跟道德水平联系在一起？古希腊时代，在地中海这个地方，苏格拉底认为“知识即是道德”；到了中世纪，哲学却变成了宗教的婢女。所以西方没有这个传统。所以我们在这里讨论中庸之谓至德，其实可以将它当做一个思考问题的方法。

1. 中庸之道

要理解中庸既是德又是思考问题的方法，我们先理解另外两个概念：一个是“道”，一个是“器”。《易经》中的解释是：“形而上者谓之道，形而下者谓之器”。有形上面是“道”，有形下面是“器”，了解了这两个概念之间的关系，你就等于为中国文化的价值理性找到一把钥匙，“道在器中”、“以道驭器”。“器”指称具体事物，有时又称“术”，所以也可以说“道在术中”、“以道驭术”。两者的关系还可以换个角度去理解。很多人熟悉《孙子兵法》和《三十六计》。那么，这里就有了一个问题，在“三十六计”之中有“道”吗？没有。里面讲的都是术，是中国兵学中最下作的方法。《孙子兵法》是有“道”的。《孙子兵法》的开篇就说，“兵者国之大事”，战争是国家最重大的事情，关乎“死亡之道，存亡之地，不可不察。”如何考察？一曰道，二曰天，三曰地，四曰将，五曰法。孙子讲的“道”是什么东西？现在“道”的概念就是规律、道德、境界、毅力。而孙子这里讲的“道”是“令民同意也”。为什么百姓同意随君王去战斗？因为你可以带给他们好处，“善附民也”。今天在中国看不见“道”了，你去日本可以看见。两个人击剑，叫“剑道”；喝茶，我们叫“茶艺”，他们叫“茶道”。他通过一个具体的活动来提升自己的道德境界，或者提升自己的思维方式，所以他这个“道”就呈现在这里。道和器的关系，一定是“道在器（术）中”，一定是“以道驭器（术）”的。

2. 中庸之法

我们再回来说“中庸”这个概念，它不仅是最高的道德，同时还是一个思考问题的方法。这是对的。《孙子兵法》的第十三篇是《用间》，用间就是用间谍。如何用间，孙子说“非圣智不能用间，非仁义不能使间”。“圣智”与“仁义”就是“道”就是“德”，用间就是“术”。没有“德”作为前提，哪有什么智？中国哲学讲“爱人而不爱仁，是谓不仁”，所以才有“仁者智”之说。这是中国哲学的精髓，强调“道德”与“智慧”的关系，一个人的认识能力和他的道德修养相关。有德者必有大智慧。所以我认为凡是做领导的应该都应该懂得一个道理，不论是企业还是国家，要想繁荣昌盛不能仅靠管理技术式的东西，还要有“道”。有道德关怀，有坚韧毅力，有宋代张载的抱负：“为天地立心，为生民立命，为往圣继绝学，为万世开太平。”

那么，如何从中国的传统思维方法汲取智慧呢？首先就不能只用两分法去讨论问题。从“五四运动”到现在，两分法已经变成我们民族的固有思维方式，上世纪60年代就有“宁可要社会主义的草，也不要资本主义的苗”，“不是东风压倒西风，就是西风压倒东风”，“凡是敌人反对的，我就拥护；凡是敌人拥护的，我就反对”，这些观念过于绝对化了，但可以理解，那个年代的人们面对冷战格局时思考问题会极端一些，但我们不得不认真反思儒家所讲的“叩其两端而持中，持中无权，犹持一也”。“叩”就是敲打，意思是研究。两端不是平面上的A点和B点，而是指两个不同且对立的事物。当我们研究两个不同性质的事物时，我们要持中，这个“中”也不是正好各占百分之五十的“中”。因为《中庸》里面说了，“君子中庸，小人反中庸……君子而时中。”这个“中”是变动的，就是“三”的意思。这个“三”在中国哲学里是多的意思。我们研究两个不同的事物，一方面要从第三种角度或更多个角度去认识、思考问题。同时还要有“权”——“权”是变的意思，所以俗语叫“权变”。那为什么要用权变？因为任何的事物都存在于特定的时间和空间之内，而西方的二元思考方式是没有这个概念的，只有中国哲学才会谈到时空的概念。所有的问题都存在于特定的时空当中，我们必须要从这个角度去思考问题，这就是“权变”。例如，今天的红绿灯是大数据管理，可是在几年前我们的红绿灯旁边都有一句话叫“宁停三分不抢一秒”，这个交通很复杂，我们宁愿停 3 分钟也不要抢那 1 秒钟，抢了可能会被撞死，这句话放在这里就没有问题。换个时空，把它挂在房地产企业的建筑工地上，仍然要“宁停三分、不抢一秒”，可行吗？不行！所以任何一个真理，都存在于特定的时间和空间中，离开了特定的时间和空间，它就不一定是对的了。中国是特别强调时空概念的，就是从第三个角度看问题，就不能够没有权变，如果没有“权变”就会“执一”，“执一”就会落在一边去了。这就是我们说的中国的传统是“一分为三”。只有中国哲学或者中国的文化传统，才会把时空问题引进来讨论认识问题。当我们研究两个性质不同的问题的时候，要持中，即从第三个角度看。持中的时候你不能够没有权变，不以时间、空间为考量，否则你就持一了。

3. 中庸之行——权变

中国哲学传统讨论认识问题，是以例证说明的。如讨论“叩其二端而持中”，举例说中国古代的圣王舜，娶了一个老婆，不告诉父母，“娶而不告”。他为什么娶个老婆不告诉父母，因为他如果告诉父母，父母就不让他娶，可谓“告而不娶”。所以舜就很纠结，是娶还是不娶。要叩其两端，明确两个不同的事物；你得持中，从第三个角度思考问题。娶和不娶，你别在这两端思考问题，你从第三个角度来思考。第三个角度就是中国文化里的“不孝有三，无后为大”。不孝有三，就是孝有三样。“大孝尊亲”，尊亲，即父母之命不可逆。可是孟子同时还告诉你如果为老不尊，为父不慈，对不起，我就没法孝了，这是双方的责任和义务。其次是“弗辱”，就是不能给父母带来羞辱，我们是不可以违法乱纪的，违法乱纪被法办，那就给父母招来了羞辱，让父母折寿。三是“能养”，能养不是孝的全部，所以孔子说，如果能养是孝的全部，那么我们与动物也没有什么区别了。“不孝有三”是说有三种孝没有做到，但在宗法血缘的社会中，“无后”才是最大的不孝。所以从“无后”——没有子女是最大不孝去思考问题，当然选“娶而不告”了。这就是“叩其二端而持中”思考问题的方法。

所以说，儒家学说之中充满了很多有意思的主张，比如说“权变”。中国古代有一个男女之别的礼仪概念，叫“男女授受不亲之为大礼”。男和女不能授受，就是不能手交手，这是礼的一个重要原则。但孟子却认为，如果以“仁”为目的而违背了日常伦理甚至是“大礼”也是可以理解的。《孟子·离娄上》记载，齐国辩论家淳于髡问孟子，如果男女授受不亲之为大礼，那你嫂子掉在水里怎么办？“嫂溺”，如果坚持大礼原则，那嫂子就淹死了，你也就变成禽兽了。孟子回答说：“嫂溺不援，是豺狼也。男女授受不亲，礼也；嫂溺援之以手者，权也。”虽然当时讲究男女之妨，但是救人是人与生俱来的权利和义务，完全可以暂时抛弃礼教的束缚，我用手把她拉出来，这就叫权变。

孟子对儒家思想的解释具有很大的灵活性，比如魏惠王曾经问孟子，商汤流放夏桀、武王讨伐商纣王是不是以下犯上的弑君行为。孟子认为：桀纣无道，天下应该教给有道之人治理，所以他推崇圣人革命。在“汤武易姓革命”这个问题上，孟子甚至给出了与孔子截然相反的答案，更明白地说，孔子反对汤武革命，而孟子却赞成汤武这样说。孔子曾言：“子谓《韶》，尽美矣，又尽善也。谓《武》，尽美矣，未尽善也。”意思是舜帝时音乐《韶》，那是意义深刻、音律优美的；而宣扬周武王伐纣功绩的音乐《武》，只是音律优美，但意义却不够好。这表明了孔子对武王革命持批评态度。孔子又说：“三分天下有其二，以服事殷，周之德，其可谓至德也已矣。”这就是孔子说周文王占据当时天下三分之二的土地，仍然对帝辛尽人臣之礼，而不叛离商纣帝辛，这才是为人臣子的楷模。此外，对于宁可在首阳山饿死，也绝不吃周粟的伯夷、叔齐，孔子也给予了大力褒扬：“不降其志，不辱其身，伯夷叔齐与！”与此形成鲜明对比的是，孟子对于伯夷叔齐的评价则是：“伯夷狭隘，诸侯虽有善其辞，命而至者不受也。”孟子意思是：伯夷叔齐不识时务，在天下大势尽归于周朝时，仍愚忠于旧主商纣，饿死活该！对于“汤武易姓革命”，孟子更是极力称赞：“残贼之人，谓之独夫。只闻诛灭民贼桀纣，而未闻弑其君。”因为认为孟子的言论有鼓动臣民作乱之嫌，明太祖还下令废除了孟子配享孔庙祭祀的待遇。再比如，弟子万章曾经问孟子：“象日以杀舜为事，立为天子，则放之，何也？”对此，孟子回答道：“封之也，或曰放焉。”意思是说，舜的弟弟象总想着杀死舜，但舜成为天子之后，却只是流放了他，为什么？孟子的回答是：舜这是在封弟弟为诸侯，而不是流放他。随后，孟子还解释说，因为舜把象封在有庳这个地方做了国君，但象不能够很好地管理国家，于是舜派官员去管理这个国家而把收的税给象使用，所以有人才说这是在流放象。虽然孟子这种灵活的解释有积极的一面，但也开了后世的道学家按自己的意愿随意解释儒家理论的滥觞。不过有一点我们应该牢记，权变不是诡变，更不是我们现在说的“上有政策，下有对策”。原则是不可质疑和挑战的。原则在特定的时间、空间内存在，如果时空发生了变化，我们才需要考虑权变。

所有的问题都存在于特定的时空当中，我们必须要从这个角度去思考问题，这就是“权变”，这也是“一分为三”的思考方法，例如孟子在跟弟子万章讨论尧禅位于舜的时候，万章认为是尧将天下交给了舜，但孟子却认为，尧作为天子，并没有把天下让给别人的权利，只有上天和老百姓才有这样的权力。很明显，孟子一面坚持了“君权神授”，另一面又重视“民意”，而他的论述也正好是在这两方面找到了一个平衡点，即“天心”与“民意”相结合点。这不正是对“一分为三”的最佳注脚吗?

4. 以和为贵

“政是以和”告诫我们，“一分为三”的方法论是建立在“和”这个中国文化最核心的概念之上的。北京奥运会开幕式上，张艺谋所造出的一“和”字，把“和”理解为和气、和好、无原则、无差别，这是世俗化的理解。在中国思想史、哲学史中讨论的“和”，不是这个含义。孔子是说过“和为贵”，但也是有前提的，叫“礼之用，和为贵”。礼是制度设计，是讲君君臣臣，父父子子的差别。它的根本作用是要以“和”为最高价值，“和”是讲多样性、多样化，“和”不是抹杀差异性、差异化。所以中国的音乐史里就有这样的话：音因序或律而和。这是中国古代音乐史所强调的，宫、商、角、徵、羽五个不同的音阶根据一定的序列和节律排列起来，它就是“和”。所以“和”是什么概念？强调的是多元性、多样化。“和”绝对不是强调同一性与同质性。在春秋战国有两个重要的学派，一个是儒家，一个是墨家。儒墨两家当时是显学，就是影响最大的学派。墨子主张“尚同”，“尚”即是推崇，“同”即统一思想，统一意志。孔子不是要统一思想，他是要以礼乐制度管理社会。两个人政治主张是不同的。

《战国策》里还有一个很好的材料，是说齐国的第四代国王叫齐景公，他有一个最喜欢的近臣，是个会拍马屁的人，叫“据”，两个人的关系非常密切。一天，齐景公跟齐国的国相晏子聊天。景公就问晏子：你说我和我最喜欢的大臣之间是“和”的关系还是“同”的关系？晏子说：大王，你们是“同”的关系，而不是“和”的关系。景公问什么是“同”的关系？“同”的关系就是：您说是，那么臣就说是；您说否，那么臣就说否。就是领导说对的，我们做下属的就必须要符合领导的观点，就是永远跟领导的观点保持一致，这就是“同”。景公问“和”是什么意思？晏子说“和”就是：君说是，臣可以否定；但是臣如果否定了，作为君子要坚持是，你是主导全局的，所以你一定要坚持是。中国人的智慧，真的体现在一分为三的思维方法上。所以中国人说，圣人是“仁且智”，圣人是“圣且智”。所以中国一定要把智慧和道德联在一块，就是《论语》中说的“君子和而不同，小人同而不和”。君子是有德之人，所以可以听进各种意见。小人则反之，他只听得进吹捧之话，而无法接受逆耳之言。

前些年北京造了一片防护林，后来出现了大面积死亡，为什么？因为种的是同一种树，有一棵树得了病，其他的树很快就会被传染，如果种的是杂交品，就不会出现大面积死亡，这是为什么要“和而不同”一个最好例证。

可见，早在春秋战国时代，在儒家的经典里就已经开始讨论我们现在的民主制度，后来这个思想由近代的传教士传到法国，法国的人文思想都跟中国有联系。这个和、同的概念讨论得非常精确。所以当我们在讨论问题的时候，就算只有一个人表示反对，我们也要给予法律上、人生上、道德上的保护。

最后归结为两句话："和实生物，同则不继。"多样化放到一起，就会产生新的事物，就能够实现创新发展；相同的东西放到一起，就没办法做到这一点。

从中国制造到中国智慧

中国改革开放已经40多年，我们靠着中国加工、中国制造获得了发展，并逐步壮大，但我认为中国崛起所依靠的还有传统文化中的智慧。我的主业是研究中国的哲学，之所以要从中国制造谈到中国智慧，也是源自我对中国传统文化、哲学的一点理解。

近代西方学术发展趋势是将科学分门别类——这恰恰是中国传统文化缺少的东西，中国传统文化中，学科一直是综合不分的。中国的儒学是将诗教、礼教、理学融于一体，也就是将艺术、宗教、哲学合为一体。我在研究中国哲学的时候又提出了一些新的概念，比如《孙子兵法》里的“正合奇胜”，正是正法，奇是变法，但我对此的理解不只是正、奇两面分，而是还要增加一个“正奇相分”的概念，与我们平时所说的“一分为二”不同，我主张的是“一分为三”地分析问题、解决问题，其中包含着很深的中国智慧。

事实上，我们在几乎每一本中国古典文献中都能够看到中国智慧在闪光。比如，跟钱有关的，孔子说：“君子喻于义，小人喻于利。”表面意思是，君子看重的是道义，小人看重的是利益。但是难道对小人只能讲利益，对君子就不讲利益吗？事实上并不能这么理解。孔子也曾这样说过：“富与贵，人之所欲也；不以其道得之，不处也。贫与贱，人之所恶也；不以其道得之，不去也。”意思是富有和高贵，人们都想要，如果不用道德和正确的理念得到，那就不能去做；贫穷与低贱是人人都厌恶的，但不用正当的方法去摆脱它们，是摆脱不了的。在孔子的理想中，并不是让人们拒绝财富，他只是让我们用合法的方式去获得财富。

四十年来，中国在政治、经济、军事等各个方面都取得了长足的进步，但仍然有进步的空间，而且我们的目标是成为负责任的大国，那么就必须要了解自己的文化历史，并且从中悟出中国独有的智慧，其中面临的最大问题就是文化的安全。要想解决这个问题，既要坚持向世界开放和学习，同时也要到自己的文化传统里去反本、溯源、开新。不然就没有自信，没有荣誉感，没有归宿感，从老祖宗那里，我们可以找到智慧和自信。

以下是我总结的中国智慧的核心与要点：

1. 道与器：哲学的智慧

我们首先要明白两个概念，一个是道的概念，一个是器的概念。这一点在《中庸与权变》一节中已经讨论过，这里再多说几句。《易经》中说："形而上者为之道，形而下者为之器。"这说明道和器是相对的。老子在《道德经》里说："道可道，非常道。"道不能用语言来说清楚，因为说清楚它就不是道了。假如你和别人一起去水果摊买东西，你说要买水果，那么"水果"这两个字就是道，不能用语言描述，你跟水果摊老板说要10斤水果，老板一脸茫然，到底要什么水果，因为有苹果、香蕉和西瓜……只有说买一斤苹果、二斤香蕉、三斤西瓜，才可以完成交易，这是生活中的常识，作为水果是不能独立的存在，只能存在于个别之中，道是否可以脱离器而存在？当然是不能的。

用现代汉语表述的话，道就是规律，道就是秩序，道就是道德，也意味着境界。用这种思维来看日本文化，就可以理解了，插花是艺道，击剑叫做剑道，喝茶叫做茶道，两者的关系是道在器中，道不能离开器。道是万物之本，道无处不在，道在屎尿，道在鲜花，道是万物承载的根本。这一点只要学过马克思主义哲学就很容理解，我们可以把水果认为是一般，而苹果是个别，因此一般存在于个别；水果是普遍，苹果是个别，那么就是普遍就存在于个别之中，反过来还可以说香蕉和西瓜都是水果。

器又是什么呢？形而下者谓之器。它是具体的、可描述的东西，是术，是解决问题的方法。他们的关系一定是“道在器中，以道御器。”所以我说《孙子兵法》是讲道的，而《三十六计》则是讲术的。可怕的是，我们现在很多电视节目里大谈《三十六计》，还有的企业学三十六计去做营销，你觉得会有好的结果吗？你天天借刀杀人，浑水摸鱼，顺手牵羊，走为上策，谁还敢和你做生意？只有做到以道御器，才能长久。

哲学的讨论过程中，没有真理的讨论，只是道理的讨论，由此推广到思维的方式上，没有脱离具体存在普遍适用的原则。因此古代说白马不是马，因为白马是个别，马是普遍，马中还包括黑马和杂色的马，个别的不是马。所以我们不能将个人成功的案例作为普遍成功的案例，就是这样一个最简单的道理。

2. 时与空：历史的智慧

这一点就是前面之前讲过的“一分为三论”，不搞二元论，也不搞折中，而是要从第三个角度思考问题，要有变的思路，任何事物放在特定时间和空间思考。毛主席在党的七届六中全会上说了一段话：“从孔夫子到孙中山，我们应该批判与继承，优秀的要继承，腐朽的要批判；民族的我们要继承，封建的我们要批判。”对文化要批判地继承。一个事物发生在一个特定时间内，在那个时代是错的，在这个时代可能是正确的；在那个时代是正确的，在这个时代他可能不符合时代的发展。认清了这一点，有助于我们更好地分析问题和解决问题。

3. 和与同：团队的智慧

古人留下的文化对于今人有许多启示。我们说要建立和谐社会，那和是什么？最早的和出现在中国的音乐里，中国古代的音乐就已经具备了七个音，七个音按照一定的序列和节奏进行排列，就是和，也就是和谐的音乐。中国的音乐注重教化功能，好的音乐可以怡情，可以教化，可以使家庭和睦，可以让一个国家政通人和，可以让国与国之间变得和谐。

中国文化的核心概念中，和是多元化，是合作，而不是我们平常所理解的一团和气。领导说对的，我就说是对的，他说的是错的，我也不逆着他，跟着他说错的，永远和上级保持一致，这是同；领导说是，下属可以提反对意见；但下属提反对意见的时候，领导要站在更高的角度明辨是非，如果下属错了，能够纠正过来，这才是和。兼听则明，偏听则信。自然界的生物要多样化，社会也需要多样化。《论语》里说："己欲立而立人，己欲达而达人。"法国文学家、思想家伏尔泰说："你说的每一个字我都反对，但我誓死捍卫你说话的权利。"和则相生，同则不继。和是强调多元化，只有多元化才有生命力！

费孝通先生说："各美其美，美人之美，美美与共，天下大同。"每个国家都有自己的优秀文化，要善于学习其他民族优秀的文化，学会欣赏和赞美别人，才能建构一个和谐的社会。

4. 德与仁：养生的智慧

中国传统养生的智慧，对今天的人很有意义。现在养生是热点，打开电视到处都是保健品广告，仿佛吃了这些就能长命百岁。这些广告都是无耻地追求利润最大化。《大学》里说："富润屋，德润身"。金钱装饰房子，道德滋养身心，一个只考虑自己利益的人不会长命。老子说："死而不亡者为寿，亡者其道犹存。"亡是忘的通假字。一个人的生命不是以身体生命来延长，而是在于以社会、于民族、于国家、于家庭、于个人所体现出来有限生命的意义和价值。所谓"立德、立功、立言，三不朽"，人生就是要在有限的生命里创造出价值，才不会被人忘记。

体会出生命的意义之后，再讲养生的办法。前面介绍过方苞对“仁者寿”的注解，他说：“气之温和者寿，质之慈良者寿，量之宽宏者寿，言之简默者寿。”能做到这四点，你就会长寿。孔子没有对“仁者寿”作更多的解释和论证，但是，“仁者寿”这一概念作为儒家经典为历代养生家所重视，并在历代学者对于儒家经典中有关养生思想的不断的诠释中发挥出新的内涵，从而构成了儒家养生学的基石。儒家特别注重个人道德修养在养生中的作用，主张突出个人养德的主动性，来达到道德自我完善的境界，并认为这是人们得以长寿的基本要素。气之温和，就是脾气温和，纠结的人容易得肝癌，因为气淤伤肝。质执慈良，讲的是本心，发乎本心地关心他人，不求回报。宽宏就是宽容，理解和谅解他人，甚至是自己不喜欢的人，放大自己的心量。言之简默，就是少说话，不争不辩，争来争去争口气，没有意义。人和人之间通过言语交流，因为立场的不同，角度的不同，或者是知识结构的不同，常常为一个问题争论不休，尽量不要辩论。这就是养生，这些做到了，就会健康长寿。将中国四大名著翻译到国外的著名翻译家杨宪益先生，95 岁才去世，他每天喝点二锅头，晚上 8 点多睡，早上 4 点起床，就是适应阴阳生发的规律，注意仁和德的培养。所以养生不需要刻意追求，养气养道，有德有仁，无畏无忧，自然长寿。

归根结底，中国智慧其实是德的智慧，不管任何问题都是要以德作为出发点。因为有这样的德，才有这样的智慧，这就是中国的思维方式。《孙子兵法》中说穷寇勿追、围师必缺，从智慧的方式去理解，走投无路的敌人不要追杀，将军队围起来，一定要有缺口，让他们有求生的缺口，敌人不做拼死的反抗，取得胜利的成本就不会那么大，如果没有对生命的尊重就不会有这样的智慧。现代社会，在商业竞争中，应该追求共赢的层面，而不是战胜对方，吃掉对方，这就是古代的智慧。此外，《孙子兵法》还涉及很多管理的智慧。例如，士兵如果不是从情感上建立关系，而是用制度，那么他们内心就会不服，如果内心不服就很难用，这是一种情况。还有一种情况，士兵跟领导称兄道弟变成了朋友的关系，就会亲，就不用制度管理，如果不用制度管理就无法发挥作用。前面是强调制度的关系，后面强调的是情感管理。不是一分为二，而是一分为三，既要坚持制度管理，同时要坚持情感管理。

以中国智慧构建和谐社会

2005年2月19日，时任国家主席胡锦涛同志在省部级主要领导干部提高构建社会主义和谐社会能力专题研讨班上发表重要讲话时指出：构建社会主义和谐社会，是我们党从全面建设小康社会、开创中国特色社会主义事业新局面的全局出发提出的一项重大任务，适应了我国改革发展进入关键时期的客观要求，体现了广大人民群众的根本利益和共同愿望。明确提出构建社会主义和谐社会的重大任务，这表明随着我国经济社会的不断发展，中国特色社会主义事业的总体布局，更加明确地由社会主义经济建设、政治建设、文化建设三位一体发展为社会主义经济建设、政治建设、文化建设、社会建设四位一体。我们所要建设的社会主义和谐社会，应该是民主法治、公平正义、诚信友爱、充满活力、安定有序、人与自然和谐相处的社会。构建社会主义和谐社会，既是对党执政经验的总结，也是对国外一些执政党执政经验教训的借鉴；既是对我国社会主义建设规律认识的深化，也是对共产党执政规律、社会主义建设规律、人类社会发展规律认识的深化；既是对中国特色社会主义理论的丰富和发展，也是对马克思主义关于社会主义社会建设理论的丰富和发展。

构建和谐社会应该是我们社会主义建设的长远目标，也是把科学发展观应用到当下的社会主义建设的具体实践，即健全民主法制，维护公平，化解矛盾，保障稳定，确保社会主义建设在各个领域实现相互协调、互补均衡的和谐发展。我们应当认识到“和谐社会”并非没有矛盾、没有差异；也不是静止的形态，而是个有活力的发展的社会。因此理解与构建和谐社会，我们可以从中国文化传统中汲取一些有益的理论资源。

“和谐”一词，在中国文化传统中最初是指音乐因为有了宫、商、角、征、羽五音的搭配，从而韵律有序而和谐，故有所谓“音韵和谐”、“音律和谐”和“乐音因序而和谐”之说。中国古代音乐追求“和”的境界。因为“凡乐，天地之和，阴阳之调也。”音乐的和谐与自然界的和谐是一致的。这就是“乐由天作”的意思，这种“天籁之声”是最美的音乐。因为在春秋时代人们就认为音乐有“移风易俗”的审美功能。所以原本描述音乐的“和谐”一词又可以指人品、家国的社会教化作用。如有“君子之德无不和谐”，“夫妻和谐，家富足”和“和谐则太平之所兴也，违戾则祸乱之所起也”等看法的出现。

中国文化传统里讨论“和”（和谐）常常是与“同”这个概念作比较的。在春秋战国时期有几个关于“和”与“同”的辩论颇有意思。如《左传》中记载的齐侯与晏婴的对话，讨论了讨论齐侯与近臣梁丘据在上下级关系上如何克服、防止下级官员一味迎合、献媚上级，不能或不敢表示不同意见的事情。我曾经在前面的章节里提到过这个故事，这里详细说一说。

齐侯问：“唯据（梁丘据）与我和夫？晏子对曰：“据亦同也，焉得为和？”公曰：“和与同异乎？”对曰：“异。和如羹焉，水火酰醢盐梅以烹鱼肉，燀之以薪，宰夫和之，齐之以味，济其不及，以泄其过。君子食之，以平其心，君臣亦然。——今据不然，君所谓可，据亦曰可。君所谓否，据亦曰否。若以水济水。谁能食之？若琴瑟之专一。谁能听之？同之不可也如是。”

这是说“和”与“同”的含义是不一样的。“和”就好像用各种不同的调味品来烹饪鱼肉，人食之味道鲜美。而“同”就是指用一种材料烹饪鱼肉，当然嚼之无味。以此比喻君臣关系，道理是相同的。在晏子看来，无论君认为正确与否，梁丘据都刻意去迎合君王，不敢提出不同的意见，这就就无法做到“济其不及，以泄其过”、帮助君王纠正错误或者完善君王的认识。这种下级讨好上级的做法就是“同”，是不值得称赞的。

那么“和”到底是什么意思？这个“和”强调多元性，强调多样性，不是抹杀差异性。春秋战国时代辩论最激烈的是孔子和墨子，他们俩最激烈，因为当时儒墨是统治的两派。儒家是要用礼乐制度管理社会，每一个阶层的人都有不同的责任和任务，不可以随意超越，所以还有“礼之用，和为贵”，如果按这句话这样讲，礼的根本是讲“和”，这是先王之道，这是孔子赞扬的周文王管理社会的道理，最美的、最好的就是这个“和”，最早的儒家是强调这个概念。

在《孟子》书中还有一段孟子回答梁惠王关于如何辨别

人才的话，也反映了“和同之辨”的问题。孟子这样说道：“国君进贤，如不得已，将使卑逾尊，疏逾戚，可不慎与？左右皆曰贤，未可也；诸大夫皆曰贤，未可也；国人皆曰贤，然后察之；见贤焉，然后用之。左右皆曰不可，勿听；诸大夫皆曰不可，勿听；国人皆曰不可，然后察之；见不可焉，然后去之。”要认识和了解一个人、一件事物，要特别注意不同看法和意见。这就是所谓的“兼听则明，偏听则暗”的道理。在“和”——不同的意见与看法的基础上，仔细思考辨析，才能认清事物的本质和规律。反之，一味追求“同”，只认同与自己一致的观点与意见，不仅不利于事物的解决，反而会促使事物的衰败。中国古人早已认识到：只有有了“和”，才能让事物有活力，有发展；而坚持“同”，则会阻碍事物的发展。这也就是春秋时代的《国语》里讲的“夫和实生物，同则不继。以他平（纠正之意）他谓之和，故能丰长而物归之；若以同裨（补充之意）同，尽乃弃矣。”

我们从古代文献中可以了解，这些关于“和”、“同”的辩论，不仅证明了“和”是有价值的，有意义的，而且还是辩证的思维方法。凡是不同意义的事物，在一定条件下的结合才可能是“太和”、“大美”的和谐状态。所以在讨论社会、国家安定有序，达到政通人和的时候，孔子就主张“道之以政，齐之以刑，民免而无耻；道之以德，齐之以礼，有耻且格。”这里强调实行德教与礼制比施于政令与律法，更会使百姓能自觉不触犯法律。

当然，在孔子时代，他与法家不同，因为孔子更强调礼教的作用，毕竟他注意到德与法的作用。《论语》中说君子是和而不同，小人是同而不和。有德之人不怕听取反对自己的意见，小人则没有这样的道德修养，他想要其他人都跟他的意见保持一致。我们可以举自然界的例子：一座山上只长一类植物，河流只生长一种鱼，这可能吗？再如我们在做鱼的时候只加水，而不放油、盐、酱、醋，这样能够吃到鱼的鲜味吗？今天所谓的构建和谐社会，我相信一定要提倡多元化，而不是统一思想和统一意志，如果一个国家、企业、集团公司内部要统一思想和统一意志，那就会从民主变成专制，因此和谐社会是有道理的，它完全来自于中国古代的文化传统，因为“和”是多元化的，它会让每一个人都有发言的权利，让我们明白社会应该如何管治。

《论语》中说“小大由之，有所不行。知和而和，不以礼节之，亦不（可）行也。”“和”是多元化的，让所有人有充分发言的权利——这也是我们所说的民主的观念，但这样的“和”很容易变成无序，因此要有礼来节制，这不是礼貌的问题，要有约束、有规矩、有规则，君子要做到这一点，要有这样的胸怀，有这样的品格，才能听进去不同的声音，并允许这些不同声音的存在。因为这些反对的声音会让他警惕，不要不要轻易犯一些错误。所以小人哪里有这样的胸怀和魄力，他只喜欢跟他一样的，他不懂得一个多元化的社会才是合理的。所以过去我们读不懂，现在通过传统文化无论是讨论人类社会的政治生态也好，还是自然界也好，都凸显出了中国智慧。

还有一个与构建和谐社会密切相关的问题，那就是“以人为本”。什么是“以人为本”？人到底是什么？

中国的文化传统中对人有其他的解释，《易经》中将人与天、地并称为“三才”，其中人为贵，是最有价值的。后来荀子还说过这样的话：“水火有气而无生，草木有生而无知，禽曾有知而无义，人有气、有生、有知，亦且有义，故最为天下贵。”字面比较好理解，草木这种植物和人一样都是有生命的，气在中国哲学和医学中的概念是一样的，医学中的气是身体中的材料，哲学中的气是道德的概念，例如勇气和浩然之气，按照中医的说法，草木是有生命由气构成的，但是无知，这个知是没有直觉。禽兽是有生命，有气的，有直觉的，但是无义，所以中国人骂人的时候经常说“禽兽不如”。

人是天下最有价值的，因为有生、有气、有知、有义。要以人为本，按照中国文化传统的人，跟西方“天赋人权”理论中的“人”不是一个概念，这里是类的概念。因为天、地、人，草、木、禽、兽都是类别的概念，因此我们了解了为什么马克思主义从1895年后开始在传播，来到中国后跟中国文化结合，因为马克思主义的观点跟中国的传统文化是一致的，强调的是集体的概念，族群和国家的概念，而忽视个人的概念，中国的文化中说杀强盗不是杀人，中国文化建构人的概念跟西方天赋人权的概念相比，现在的以人为本，应该坚持自己类的概念，集体的概念，同时应该尊重个人的生命选择和生命智慧，从这个角度来说，以人为本应该是中西方文化结合的产物，这样理解才更为合理。

在讨论人的道德品格时，孔子认为，任何单一的德都有其内在的局限，因而需要以对立面来补充，使对立的品格相辅相衬。如孔子说：“质胜文则野，文胜质则史；文质彬彬，然后君子。”人的质朴与文饰同样重要，但其中任何一方面过分，不是表现粗野，就是表现虚浮。做到二者恰到好处的结合，才是君子的风度。甚至像“仁”这样的美德，也要靠几种品德的恰当的结合才能达到，如孔子所说“刚毅、木讷，近仁。”孔子还认为，凡一种善德都有趋向恶行的可能，不使善德转化恶行，就要做到“君子惠而不费，劳而不怨，欲而不贪，泰而不骄，威而不猛。”在讨论人与自然和谐，中国文化传统中是强调“天人合一”的境界。在儒家经典《周易》中认为人与天、地并立为“三才”。宇宙的根本性质是“生生不息”变化流行，所以人也应该效仿天地自强不息，即“天行健，君子以自强不息”。

总而言之，中国文化传统始终认为无论自然、国家、社会与个人要达到和谐，就要辩证地看待诸类事物的本质，使事物和谐而不相悖害。可以说“和谐”是中国传统文化中的重要价值和理论方法，尽管其中有不完善或片面的部分，但如果我们给予现代意义的诠释，就可以从中获得启迪，今天在构建和谐社会的努力中，要理解认识到这一点：社会在发展过程、社会结构方面的差别矛盾的客观存在是不可回避的。因此，只要我们能够维护社会公平正义，建立有效的理解对话机制，协调好各部类关系，化解社会矛盾，就一定可以建立一个和谐的社会，我们有理由相信，这样的和谐社会一定是个充满活力的社会。

哲学要追问的三个问题是：“我是谁？我从哪里来？要到哪里去？”一个国家富强了，一样也要问这些问题，中国承继着数千年的文化传统，现在的中国在综合国力上已经有了很大的提高，未来的中国应该成为世界上负责任的大国，既要继续学习西方文化，更不能忘了本民族文化。中国要成为世界中的负责任大国，不只是凭借综合国力有多强，还要把我们的文化价值观念介绍出去，被其他国家、民族所理解，才可以说是真正的大国。所以，国学在今天有所发展也是一个必然的趋势。

德可以分为大德与小德，“小德”就是自己的道德修养，“大德”就是对民族、社会、国家的责任感，这就是儒家说的“修身、齐家、治国、平天下”。孟子说：“天下之本在国，国之本在家，家之本在身。”一个人要有道德责任，一个企业也要担负起民族、国家、社会的责任。企业做到一定规模，一定要有这种责任感，国家就更要有这种责任感。《易经》中的《坤卦》说“厚德载物”，如果不具备这样的“大德”，就撑不起企业、国家这么大的一个“物”。

周武王伐纣时提出一个概念，即“替天行道”。武王认为纣王对道德不尊敬，对百姓不保护，所以要替天行道，灭掉纣王。“皇天无亲、维德是辅”，意思是皇天没有亲人的概念，只要你有德就可以得到帮助。你是好人，老天也会帮你。早在 3000 年前，中国文化就开始把“德”作为中流砥柱。

以战争为例，中国习惯于用谋略、对话而非战争解决问题，这是中国文化的伦理道德。而西方对此则有着完全不同的理解，17 世纪，克劳斯塞维茨写了一本《战争论》，堪称西方政治学和军事学的经典。其中最有名的一句话就是：政治是战争的继续。因此，为什么有人说西方人好战？有一个很重要的原因，他们认为上帝授予他们的一项权力，就是要通过战争让人们接受他们所谓的民主自由。中国文化对战争的认识非常深刻，有很多文献都有记载。儒家文化是如何看待战争的呢？《孙子兵法》一开始讲，“兵者，国之大事，死生之地，存亡之道，不可不察也。”意思是说，战争是国家的大事，它关系到军民的生死，国家的存亡，不能不慎重考察研究。这符合中国传统的观念，体现了儒家文化的概念。

其次，中国文化认为战争不是解决所有问题的根本方法。一说到战争，中国第一个反对。孟子提出正义战争的方法，“征者上伐下也”，意思是说，打仗的人要遵守一个次序，由上伐下，一定要遵守周天子的指示，因为周天子是天下共主，一定要听他的。“敌国不相争”，你的国家和我的国家是敌视的，不可以随便征伐。正义战争必须要遵守政治次序或尊卑有别，如果不遵守，那就是非正义的战争。

中国文化还对战争的本质进行了揭露。老子提到，“大军之后，必有凶年。”大战之后，必然会出现一个混乱的时代，落后的社会和国家，生灵涂炭。老子还说道：“以道佐人主者，不以兵强天下。”用天道规律来辅佐君主的人，不能用战争强迫别人接受，“乐杀人者，不可得志于天下。”所以中国文化里的儒家、道家、法家的思想都对战争有深刻的揭示和揭露。

中国文化在战争上是有伦理道德、伦理意义和伦理操守的，而不是无限战争，更不会在战争中过度使用武器。《孙子兵法》里说得很清楚，“上兵伐谋，其次伐交，其次伐兵，其下攻城”。最好的方式是用谋略解决，是可以节省国家的开支和个人的费用。其次伐交，就是用同盟对话的方式解决问题。其次伐兵，就是用战争的方式。但是在中国文化中用战争的方式不是先出手，而是以战止战，你对我无礼，用战争的方法威胁我，那我就用战争的方法回答你。所以，中国从来都不是第一个发起战争，从政治和伦理的角度考虑，中国文化也反对用战争解决问题。其下攻城，古代战争的模式就是攻城略地，攻下了这座城就是攻占了这个国家。但是孙子说，他是不得已而为之，一场战争中的死伤人数能达到三分之一，而士兵不仅有我方的士兵还有敌方的士兵，冰冷的兵书中投射出一种温情。所以《孙子兵法》不只是在讲兵法，它更多地体现了中国传统文化的人本主义精神。

所以我不太同意“商场等于战场”这种价值观，商场应该是人们拼搏、敬业、创新、奉献精神展现的场所，而不是“拼杀”的战场。学会欣赏你的竞争对手，而不是在“朋友”“敌人”的二元选择中思考你的交易。企业不要仅把利润最大化作为自己的最大目标，而要把共赢作为自己的目标。

所以我说构建和谐社会最符合中国文化传统，但是这个和谐社会不是我们理解的统一思想、统一意志。我们过去一直相信可以用斗争的办法来解决问题，但今天中国社会已经形成了不同的阶层，而不同阶层在中华人民共和国体制内应该和谐共存，每一个不同阶层的人都可以有发言的机会，都拥有申诉的权利，这样的制度设计才能够帮助我们构建和谐社会，达到民主法制、公平正义、人与自然和谐、人与人和谐、人与自我内心的和谐，这才是和谐社会的要义。一方面回到自己的文化传统，一方面继续向外来民族学习，这是构建和谐社会、使中国成为一个负责任的大国的必由之路。